Texte • Medien

Sabine Neuffer

Jonne mischt sich ein

Schroedel

Texte • Medien

»Jonne mischt sich ein«
von Sabine Neuffer

Die Originalausgabe ist im Thienemann Verlag erschienen und ist im Buchhandel erhältlich: Sabine Neuffer »Jonne mischt sich ein«

Herausgegeben von Ingrid Hintz

Materialteil erarbeitet von Annkatrin Franz

Das Texte • Medien -Programm zu »Jonne mischt sich ein«:
978-3-507-47445-1 Textausgabe mit Materialien
978-3-507-47845-9 Lesetagebuch
978-3-507-47945-6 Materialien für Lehrerinnen und Lehrer
Informationen und Materialien im Internet: **www.schroedel.de/textemedien**

Druck A 2 / Jahr 2014
Alle Drucke der Serie A sind im Unterricht parallel verwendbar.

Redaktion: Jorinde Assemann-Fangmeier
Herstellung: Andreas Losse
Umschlaggestaltung und Layout: JanssenKahlert Design, Hannover
Illustrationen (Cover und Innenteil): Sabine Lochmann, Frankfurt/M.
Satz: Bock Mediengestaltung, Hannover
Druck: pva, Druck und Medien-Dienstleistungen GmbH, Landau

ISBN 978-3-507-**47445**-1

INHALT

Sabine Neuffer

Jonne mischt sich ein

(Fortsetzung siehe nächste Seite)

Materialien

Zu diesem Buch

Dieses Buch erzählt die Geschichte von Jonne, der neu in die Klasse 6b kommt. Hier erlebt er, dass sich seine Mitschülerinnen und Mitschüler gegen Charly, ein Mädchen der Klasse, verbündet haben. Sie grenzen sie aus und lassen sie immer wieder zum Opfer gemeiner und hinterhältiger Mobbingattacken werden. Das kann Jonne nicht untätig mit ansehen und greift mutig ein. Doch schafft Jonne es, seine Klassenkameraden zum Umdenken zu bewegen?

Es gibt viele Jugendliche, die gern Bücher lesen. Das ist erfreulich, denn wer liest, nimmt teil an den Lebensgeschichten, Erlebnissen, Problemen, Gedanken und Gefühlen der Buchfiguren. Deshalb sagt man: Wer liest, lebt doppelt.

Die Bücher der Reihe **Texte.Medien** wollen zum Lesen motivieren – im Unterricht in der Schule, aber auch zu Hause in der Freizeit. Sie wollen die Freude am Lesen steigern und „Lust auf mehr Bücher“ machen.

Zu jedem Buch gibt es ein **Lesetagebuch**, das dabei helfen soll, sich selbstständig – individuell und gemeinsam mit anderen, die ebenfalls dieses Buch lesen – mit dem Inhalt und den Personen auseinanderzusetzen.

Viel Freude beim Lesen des Buches!

Sabine Neuffer

Jonne mischt sich ein

1. Kapitel

Es war ein grauer Februartag, als Jonne Fintan zum ersten Mal sein neues Schulgebäude betrat. Ihm schlugen der Geruch feuchter Mäntel und eines scharfen Reinigungsmittels sowie der Lärm der unzähligen Schüler entgegen.

Jonne zog unmerklich den Kopf ein und bahnte sich auf der Suche nach seinem Klassenraum den Weg durch die Menge. Der Anfang an einer neuen Schule war nie leicht, das war ihm klar, doch sein Vater hatte ihm ein paar Tipps gegeben.

„Mach kein Geheimnis darum, dass du vom Land kommst, damit nimmst du ihnen schon mal den Wind aus den Segeln“, hatte er ihm geraten. „Halt dich erst einmal zurück und beobachte, was abgeht in der neuen Klasse. So mache ich es auch in der Agentur. Es ist dumm, gleich vorzupreschen, zuerst muss man die Lage einschätzen können: Wo sitzen die Alphatiere, wo die wirklich Netten, wo die Außenseiter? In einer Schulklasse gibt es immer welche, die den Ton angeben, andere, die ihnen folgen, weitere, die sich aus allem raushalten. Schau es dir in Ruhe an.“

Agentur *Geschäftsstelle, Büro*

„Was sind denn Alphatiere?“, hatte Jonne gefragt.

Sein Vater hatte gegrinst. „Die Anführer des Rudels, die, die das Sagen haben. Die Stärksten, die

Mutigsten, die Lautesten“, hatte er erklärt und dann hinzugefügt: „Nicht unbedingt die Schlauesten. Auch nicht zwangsläufig die, mit denen man unbedingt befreundet sein möchte.“

„Na ja“, hatte Jonne gemeint, „ich schätze, es wird nicht viel anders werden als in meiner alten Klasse. Ich werde der einsame Wolf sein.“

Sein Vater hatte ihm durchs Haar gerauft und gelacht. „Du warst ein sehr beliebter Wolf, für einsam habe ich dich eigentlich nicht gehalten. Oder hast du dich unwohl gefühlt?“

„Nein, das nicht, aber ...“ Jonne hatte gezögert. „Ich hatte nie einen besten Freund, keinen, mit dem ich mich total verstanden habe.“ Er hatte seinen Vater unsicher angesehen. „Du weißt schon, was ich meine.“

Sein Vater war ernst geworden. „Ja, ich weiß, was du meinst. Wir haben nicht gerade die typischen Männerhobbys. Kochen, Gitarre spielen, lesen, wandern ... das ist alles nicht so richtig cool. Aber, mein Lieber, wir haben uns, ist das nichts?“

Doch, das war was! Das war sogar jede Menge. Solange Jonne seinen Vater hatte, brauchte er kein Rudel um sich herum. Jonne und Daniel, wie Jonne seinen Vater neuerdings nennen wollte, das war ein eingeschworenes Team, seit Jahren schon.

Seit Jonnes Mutter an Krebs gestorben war. Damals war er fünf gewesen. Zuerst waren sein Vater und er bei Jonnes Oma untergekrochen und hatten ihre Wunden geleckt. Das war eine schlimme Zeit gewesen, so schlimm, dass Jonne krank geworden war und erst ein Jahr später eingeschult werden konnte als geplant. Und mit seinem Vater war damals auch nicht viel los gewesen.

Aber es war gekommen, wie die Oma prophezeit hatte. „Die Zeit heilt alle Wunden“, hatte sie immer gesagt. Jonne hatte den Spruch blöd gefunden und nicht daran geglaubt. Doch irgendwann war es tatsächlich besser geworden, unmerklich zuerst und dann immer schneller hatten sie wieder Lust zum Leben gehabt. Sie waren zurück in ihr Haus gezogen, hatten an der Wand neben dem Esstisch ganz viele Fotos von früher aufgehängt, und es hatte kaum noch wehgetan, wenn Mama sie aus den Bilderrahmen anlachte. Irgendwie war sie ja doch noch da.

Und dann waren sie aktiv geworden. An den Wochenenden waren sie zum Angeln oder zum Wandern gefahren oder im Sommer zum Schwimmen an die Nordsee, in den Schulferien hatten sie lange Reisen mit dem Wohnmobil gemacht, nach Frankreich, nach Italien, nach Griechenland. In den letzten Jahren waren sie an entferntere Ziele geflogen, nach Tunesien, nach New York. Weil Jonne ein Weltmann werden müsse, hatte sein Vater gesagt, einer, der sich vor nichts Neuem fürchtete, der sich überall zu Hause fühlte.

Und nun also sollte er sich in Hamburg und in der neuen Schule zu Hause fühlen. Nun denn!

Nach einigen Irrwegen fand Jonne den Raum, den er suchte. *Raum 109, Klasse 6b, Frau Bellmann*, stand auf dem kleinen Schild neben dem Türrahmen. Jonne hatte die neue Klassenlehrerin bei seiner Anmeldung schon kennengelernt, eine junge Frau mit kurzem brünettem Haar, einer dunkelrandigen Brille und schmalen Lippen, mit denen ihr nur ein verkniffenes Lächeln gelang. Also, vom Hocker riss sie ihn nicht, diese Frau Bellmann.

Es hatte noch nicht geklingelt, als Jonne in der Tür des Klassenraums stand. Er sah sich um und sie fiel ihm sofort auf: ein sehr hübsches blondes Mädchen. Augen wie Scheinwerfer, ein Lächeln wie die Mona Lisa und Heidi Klum zusammen. Das Alphatier, wie sein Vater es ausgedrückt hätte. Gegen sie verblassten alle anderen, so nett sie auch aussahen. Nur eine Gruppe Jungen, die es vorzogen, das am Abend bevorstehende DFB-Pokalspiel zwischen einem Drittligisten und dem HSV zu diskutieren, hatte sich in eine hintere Ecke verkrochen, die anderen drängten sich um den Tisch der Blonden.

DFB *Deutscher Fußballbund*

HSV *Hamburger Sportverein*

Als Jonne den Klassenraum betrat, wandten sich ihm alle Blicke zu. Das war ihm ein bisschen unangenehm, doch er verzog keine Miene und ließ seinen Blick über die anwesenden Schüler schweifen, trat ein paar Schritte vor und warf mit einer lässigen Geste seinen Rucksack auf einen Tisch im vorderen Drittel des Raumes. „Der Platz noch frei?“

Die schöne Blonde nickte unmerklich und schlenderte auf ihn zu. „Klar, Mann. Wer bist denn du?“

Jonne warf den Kopf in den Nacken und musterte sie von oben bis unten. „Jonne Fintan Heidbrink, Zugang aus Neudorf“, beschied er sie von oben herab.

Dass er innerlich zitterte, merkte garantiert niemand, so sicher gab er sich. „Landei ohne Großstadterfahrung, doch nicht zu unterschätzen. Sonst noch Fragen?“ Er ließ sich auf den Stuhl fallen und steckte die Daumen in die Jeanstaschen. Genau so, wie er es sich nach den Gesprächen mit seinem Vater zurechtgelegt hatte. Bloß keinen an sich ranlassen, sich um Himmels willen keine Blöße geben. Sollten die anderen doch kommen, er brauchte sie nicht. Er brauchte nichts und niemanden. Er hatte Daniel. Sie waren Wölfe, frei und unabhängig.

Die schöne Blonde schnappte nach Luft. „Nee, erst mal nicht“, sagte sie nur und drehte sich weg. Ihr Gefolge sah Jonne ratlos an.

Und dann klingelte es auch schon zur ersten Stunde. Es war nicht Frau Bellmann, die in den Klassenraum gerauscht kam, sondern ein ergrauter, langmähniger Schluffi, kariertes Hemd über ausgebeulter Jeans, lang, hager, die Wangen von vielen kleinen Äderchen gerötet. Jonne musste an Daniels Chef in der kleinen Werbeagentur in Neudorf denken, die einmal bombig im Geschäft gewesen war, dann aber langsam den Bach runterging. „Zu viel Stress für den Guten und zu viel Rotwein“, hatte Jonnes Vater gesagt und sich den neuen Job in Hamburg gesucht.

„Morgen, Leute, wie geht’s?“ Der Schluffi warf sich mit einer halben Pobacke auf das Pult. „Wir starten gleich durch, los, los, Bücher raus! Wie war noch mal die Formel zur Berechnung des Prozentwerts, Vanessa?“

Ein dunkelhaariges Mädchen in der Fensterreihe errötete anmutig. Sie schien nicht gerade ein Matheass zu sein, dachte Jonne und versuchte gleichzeitig, sich auf die Formel zu besinnen. Doch sie wollte ihm beim besten Willen nicht einfallen, zu sehr war er noch damit beschäftigt, seine neuen Mitschüler zu beobachten.

Vanessa hatte gepasst, jetzt stotterte ein Mädchen namens Lara an der Formel herum. Da ertönte ein schwaches Klopfen an der Tür, die sich dann langsam öffnete. Ein schmächtiges Mädchen huschte in die Klasse, die Augen hinter einem zu langen dunklen Pony verborgen, die Schultern nach vorn gedrückt, als wolle sie sich kleiner machen, als sie war. Eine Entschuldigung murmelnd drückte sie sich an ihren Platz nahe der Tür, zwei Reihen vor Jonne.

Herr Grossert – Jonne hatte den Namen des Mathelehrers inzwischen aufgeschnappt –, unterbrach sich mitten im Satz und hielt eine Hand hinter das Ohr. „Würdest du das freundlicherweise wiederholen, Charleen, ich habe dich nicht ganz verstanden." Dabei zwinkerte er den anderen Schülern zu.

„Tut mir leid, ich hatte einen Platten", sagte das schwarzhaarige Mädchen fast unhörbar. Es war, als vertraute sie ihre Erklärung nur der Tischplatte an, sie blickte nicht auf.

„Einen Platten?" Die schöne Blonde drehte sich lächelnd zu ihr um. „Aber warum hast du nicht bei mir angerufen? Meine Mum und ich hätten dich doch mitgenommen!"

Seltsamerweise lachten alle, was Jonne überhaupt nicht begriff.

„Also“, tönte Herrn Grosserts Stimme durch den Lärm, „gilt die Entschuldigung nicht. Ich werde es im Klassenbuch vermerken. Und nun weiter im Text, Lara, höre ich mal langsam Ergebnisse? Oder hast du den Kopf noch zugemüllt von den gestrigen Soaps?“

Soap *Seifenoper, rührselige Fernsehserie*

Was für eine miese Bemerkung, dachte Jonne, als er ein paar schadenfrohe Lacher hörte. In seiner alten Klasse hätte das niemand komisch gefunden, aber hier schien ein etwas anderer Ton zu herrschen.

In der kleinen Pause nach der ersten Stunde scharten sich die meisten Mädchen wieder um Mari, so hieß das Alphamädchen. Mari mit einem langen „a“, wahrscheinlich von Marianne abgeleitet, vermutete Jonne. In seiner letzten Klasse hatte es auch ein Mädchen gegeben, das seinen Namen so abgekürzt hatte. Einige andere Schüler schrieben noch ganz schnell die Englisch-Hausaufgabe ab, die meisten Jungen blieben unter sich. Das Mädchen, das zu spät gekommen war, hockte allein an seinem Platz und blätterte in einem Buch. Jonne betrachtete das Geschehen und wunderte sich nicht, dass niemand ihn ansprach. Er hatte seine Position deutlich gemacht, die des einsamen Wolfes.

Nur einer näherte sich ihm. „Hi, ich bin Eric, auch neu hier. Ich komme aus der Siebten, aber das war mir alles eine Nummer zu groß. Da hab ich mich lieber noch mal in eine untere Liga verzogen, man muss ja nicht übertreiben. Aber das betrifft nur die Schule. Ansonsten bin ich beim HSV, U14, Rechtsaußen. Und wo spielst du?“

U14 Mannschaft mit Spielern, die unter 14 Jahre alt sind

Jonne musterte ihn aus schmalen Augen. „Nirgends. Fußball ist nicht so mein Ding.“

Eric, ein Baum von einem Kerl und bemerkenswert durchtrainiert, sah ihn unsicher an. „Was spielst du denn dann? Basketball?“, fragte er verblüfft.

„Nö, auch nicht. Ich bin nicht so ’n Fan von Mannschaftssport“, sagte Jonne und sah sein Gegenüber fest an. Der sollte sich bloß nichts einbilden, dieser Supersportler! Schon gar nicht, dass Jonne gleich vor Ehrfurcht erstarrte, weil er einem HSV-Spieler gegenüberstand.

„Ach so“, murmelte Eric denn auch schwach und verzog sich zurück an seinen Platz, weil es zur nächsten Stunde gongte.

Das schwarzhaarige Mädchen, das zu spät gekommen war, drehte sich zu Jonne um und sah ihn neugierig an. Einen Moment nur, doch der reichte, um festzustellen, dass sie sehr dunkelblaue Augen hatte. Augen, in denen neben der Neugier eine gehörige Portion Misstrauen lag, die Jonne erschreckte. Was hatte sie denn? Er hatte ihr doch gar nichts getan!

Er wandte sich ab und zuckte mit den Schultern. Wahrscheinlich war sie einfach eine blöde Ziege.

2. Kapitel

„Na, wie war der erste Schultag?“, fragte Jonnes Vater, als er am Abend nach Hause kam und eine große Tüte mit Einkäufen auf dem Küchentisch ablud.

„Ging so“, sagte Jonne und machte sich über die Tüte her. „Was gibt's denn? Ich hab einen Bärenhunger!“

„Bandnudeln à la maison“, erwiderte sein Vater, hängte sein Jackett über einen Stuhl und griff zur Schürze. „Du kannst schon mal die Tomaten waschen und schneiden.“

à la maison *hier: nach Art des Hauses*

Auch in der Küche waren sie inzwischen ein eingespieltes Team. Jonnes Vater kochte, Jonne erledigte die Hilfsarbeiten und sah ihm über die Schulter. Manchmal stellte er sich auch schon selbst an den Herd, brutzelte Speck und Zwiebeln und rührte in den Töpfen. Aber die letzten Feinheiten, das Würzen und Abschmecken überließ er seinem Vater. Der war ein ziemlich genialer Koch.

„Und wie war der Nachmittag?“, erkundigte sich sein Vater, während sie einträchtig nebeneinander herwerkelten.

„Das war okay“, sagte Jonne. „Ich hab den Typ aus dem Erdgeschoss kennengelernt, Bastian heißt er. Wir sind ein bisschen mit dem Rad rumgefahren.“

„Und? Ist er nett?“

Jonne nickte. Bastian war mehr als nett, fand er. Überhaupt kein Angeber, eher ein bisschen schüchtern, ein bisschen pummelig und vielleicht auch ein einsamer Wolf. „Der ist in Ordnung. Er spielt Schlagzeug. Wir wollen demnächst mal zusammen Musik machen."

„Schlagzeug?" Jonnes Vater blickte erschrocken zum Fußboden, als erwarte er, dass der gleich von einem furchtbaren Dröhnen erschüttert würde.

Jonne lachte. „Keine Sorge, das Ding steht in einer Garage drei Häuser weiter. Ist klasse, mit allen Schikanen, er hat's mir gezeigt."

„Na, das ist doch toll!" Sein Vater klang erleichtert. „Dann hältst du es also aus, nachmittags allein zu sein?" Darüber hatte er sich lange Gedanken gemacht und überlegt, ob er für Jonne einen Hortplatz suchen oder eine Kinderfrau einstellen sollte. In Neudorf war Jonne nach der Schule immer zur Oma gegangen, hatte dort Mittag gegessen und seine Schularbeiten gemacht und hinterher hatte er sich oft mit irgendwelchen Freunden getroffen.

„Natürlich halte ich das aus, Papa", sagte Jonne jetzt. Dass er seinen Vater Daniel nennen wollte, vergaß er blöderweise immer wieder. „Ich bin doch kein Kleinkind mehr. Ich komme gut klar. Heute Mittag hab ich mir ein paar Brote gemacht und meine Hausaufgaben hab ich auch erledigt. Du musst dir wirklich keine Sorgen machen."

Sein Vater fuhr ihm mit der Hand durch das Haar. „Mach ich auch nicht, mein Großer."

Jonne wusste, dass das nicht ganz stimmte. Aber er würde seinem Vater schon beweisen, dass er super zurechtkam. Außerdem waren es ja nur ein paar Stunden, in denen er allein war, und er hatte immer so viel zu tun. Er musste lesen und Gitarre üben und manchmal musste er auch einfach nur auf seinem Bett liegen und Musik hören und über das Leben nachdenken.

„Wie alt ist denn dieser Bastian?“, fragte Jonnes Vater, während er den Salat abspülte. „Geht er auch auf deine Schule?“

„Nee, auf die Waldorfschule. Darum kommt er auch erst später nach Hause, die haben Nachmittagsunterricht. Er geht auch in die sechste Klasse.“

„Na, das passt doch gut“, sagte Jonnes Vater erfreut. „Und? Hast du in der Schule auch schon jemanden kennengelernt?“

Jonne zuckte mit den Schultern. „Ich beobachte noch. Aber ich glaube, die meisten sind ganz in Ordnung.“ Von der schönen Mari erzählte er lieber nichts, das brachte seinen Vater womöglich nur auf falsche Gedanken. Und von der schwarzhaarigen Charleen, die von den anderen Charly genannt wurde, mochte er erst recht nicht berichten, die hatte ihn mit ihrem sonderbaren Blick ein bisschen aus dem Tritt gebracht.

Und das schaffte sie auch wieder, gleich am nächsten Tag. Einfach so, aus heiterem Himmel. Dabei begann alles ganz normal. Sie hatten Sport und spielten Völkerball. Mari war natürlich Königin in ihrer Mannschaft und sie hatte als ersten Jonne gewählt, erst danach ihre Freundinnen und noch ein paar andere. Charly war bis zuletzt auf der Bank sitzen geblieben und dann, weil es eben einfach so aufging, in der gegnerischen Mannschaft gelandet. Jonne hatte ein paar Mal versucht, sie abzuwerfen, aber sie war schnell und wendig und es war ihm nie gelungen. Und ihm schien, als sei er der Einzige, der versuchte, sie zu treffen. Schließlich war sie die Letzte im anderen Feld, alle ihre Mannschaftskameraden standen längst außen.

Da drehte Mari auf, und wie! „Los, jetzt kriegen wir sie!“, schrie sie und reckte die Arme nach dem Ball, fing ihn und schleuderte ihn im selben Moment mit einer schwungvollen Drehung in Charlys Richtung.

Charly duckte sich weg, der Ball sprang auf und landete in den Händen von Lara, die nur eine Sekunde brauchte, um ihn erneut in Charlys Richtung zu schmettern. Wieder tauchte Charly weg, wieder war der Ball in Maris Händen, die ihn Jonne zuwarf, der näher an Charly stand. „Mach sie fertig, die Ratte!“, kreischte sie.

Jonne machte keine Anstalten, den Ball zu fangen, sondern ließ ihn wegtrudeln. Er starrte Mari an, irritiert von ihrem Zuruf, der gehässig und hysterisch geklungen hatte. „Was ist denn in dich gefahren?“, fragte er verblüfft. Was war das hier? Eine Treibjagd?

Michelle, ein dürres Mädchen mit flapsigen blonden Haaren, rettete den Ball, bevor er in Charlys Feld kullern konnte, holte aus und pfefferte ihn in Charlys Richtung. Er traf sie mitten in die Seite, und Jonne sah, dass Charly scharf nach Luft schnappte. Das musste verdammt wehgetan haben.

„Na, das wurde aber auch Zeit!“, rief Mari und warf Jonne einen sonderbaren Blick zu.

Charly räumte das Feld und verdrückte sich an den Spielfeldrand. Ihren Platz nahm jetzt Darian ein, der Kapitän ihrer Mannschaft. Es dauerte keine zwei Minuten, bis auch er abgeworfen war, dann pfiff der Sportlehrer. „Zeit zum Umziehen!“, rief er. „Lars, Sören und Darian, ihr helft mir eben noch beim Aufräumen!“

Der Moment, in dem Charly Jonne wieder aus dem Tritt brachte, kam, als sie zufällig beide gleichzeitig aus den Umkleideräumen traten. Charly musterte Jonne unter ihrem dunklen Pony hervor. „Du hast die Regeln hier noch nicht begriffen, was?“, fauchte sie ihn an. Wie eine Katze faucht, die sich in äußerster Bedrängnis befindet.

„Hä?“ Jonne verstand tatsächlich gar nichts. „Was für Regeln?“

Charly zuckte nur mit den Schultern. Ganz schmal waren sie, nach vorn gekrümmt, als wolle sie einen Katzenbuckel machen, störrisch, verschreckt und voller Abwehr.

Jonne ging auf Charly zu, langsam und vorsichtig, wie man sich einem fremden Tier nähert. „Ich weiß gar nicht, was du hast, ich …“

„Lass mich einfach bloß in Ruhe, okay?“, zischte sie und war auch schon durch die Turnhallentür verschwunden.

„Sag mal, was soll das denn?“ Lars versetzte Jonne einen verspielten Boxhieb in die Rippen. „Du lässt dich doch nicht etwa von Charly anbaggern? Die versucht’s bei jedem, die kleine Schlampe. Lass dich von der bloß nicht einwickeln, dann wirst du sie nämlich nie mehr los.“

Jonne starrte Lars überrascht an. Und wieder brachte er nicht mehr als ein „Hä?“ über die Lippen. Was ging denn hier ab? Waren hier etwa alle gegen Charly? Und warum gleich so heftig?

Aber dann kamen schon die anderen und er wurde mitgerissen in dem Strom der Schüler, die durstig und hungrig dem Pausenverkaufsstand zustrebten, und hatte keine Gelegenheit mehr, irgendwelche Fragen zu stellen.

Als er ein Brötchen und eine Flasche Apfelsaft ergattert hatte, sah er sich nach Charly um. Doch sie war wie vom Erdboden verschluckt. Nirgendwo auf dem Schulhof konnte er sie entdecken. Aber in der nächsten Stunde saß sie wieder an ihrem Platz, zwei Reihen vor Jonne, klein und schmächtig und ganz allein an ihrem Tisch. Sie drehte sich kein einziges Mal nach ihm um. Auch in der nächsten Stunde nicht. Und nach Unterrichtsschluss war sie verschwunden, als hätte sie sich von einer Sekunde auf die andere unsichtbar gemacht.

Dafür war Mari umso sichtbarer. Sie drängte sich neben Jonne und berührte seinen Arm. Eine ganz leichte Berührung war das, als hätte sich ein Schmetterling auf Jonnes Handgelenk verirrt. „Wir gehen noch ein Eis essen, kommst du mit?"

Jonne blinzelte, doch natürlich hatte er sich ganz schnell wieder im Griff. „Klar, warum nicht?", sagte er. Er fand, es klang genau richtig, so als würde er Mari einen Gefallen tun.

Und die strahlte ihn auch an, als hätte er ihr das schönste Geschenk der Welt gemacht. Aus veilchenblauen Augen, in denen die Sonne blitzte. Für einen Moment wurde Jonne ganz schwach in den Knien und er überlegte, ob sie erwartete, dass er ihr Eis bezahlte, wie das bei Dates so üblich war. Unsinn, entschied er, als sie, gefolgt von Vanessa, Michelle, Lara, Lars und Marcel, zu dem kleinen Eiscafé gingen, das in einer Seitenstraße in der Nähe der Schule lag. Mari hatte ihn natürlich bloß gefragt, weil er der Neue war, weil sie neugierig auf ihn war. Nichts weiter. Bisher hatte noch nie ein Mädchen etwas von ihm gewollt. Höchstens dass er ihren Fahrradreifen aufpumpte oder so was.

Date *Verabredung, Treffen*

Und außerdem, was wollte er von Mari?

Oje!

Jonne beschloss, dass er den heutigen Nachmittag auf seinem Bett verbringen würde, um über das Leben nachzudenken. Es schien etwas kompliziert zu werden, seit er an dieser neuen Schule gelandet war.

3. Kapitel

Es dauerte ein paar Tage, bis Jonne die Hackordnung in seiner Klasse einigermaßen durchschaute. Dass Mari die unangefochtene Anführerin war, hatte er ja gleich geahnt, und bald bekam er auch mit, dass sie natürlich die Klassensprecherin war.

Ihre beste Freundin war Lara, ein schlankes Mädchen mit langen braunen Haaren, die in der Sonne golden schimmerten. Bestimmt hatte sie dabei nachgeholfen, sie schien, was ihr Aussehen anging, nichts dem Zufall zu überzulassen. Sie trug immer grellbunte, enge Pullover und die kürzesten Röcke, die Jonne je gesehen hatte, darunter Leggings, die farblich immer genau zu den Pullis passten. Vielleicht wäre sie ganz hübsch gewesen, wenn sie sich nicht so affig geschminkt hätte. Ihre Wimpern ragten wie lange, verklebte Spinnenbeine aus ihrem Gesicht.

Mari und Lara bildeten eine verschworene Gruppe mit der kleinen, pummeligen Vanessa, die Jonne irgendwie ganz niedlich fand, und deren Freundin Michelle, die sich beim Volleyballspiel mit ihren Schmetterbällen hervorgetan hatte. Michelle überragte Vanessa um mindestens eine Kopflänge und versteckte ihren schlaksigen Körper unter überdimensionalen Schlabberpullis, die ihr fast bis auf die Knie herunterhingen.

Im Gefolge der vier Mädchen tauchten, wann immer sich die Gelegenheit dazu bot, Lars und Marcel auf wie Pat und Patachon. Lars, ein großer, dicker Kerl mit, wie Jonne fand, nicht gerade dem intelligentesten Gesichtsausdruck, drückte sich ständig in Maris Nähe herum, überließ ihr seine Hausaufgaben in Biologie zum Abschreiben – das einzige Fach, in dem er wirklich gut war – und überschlug sich fast, wenn es darum ging, ihr einen Gefallen zu tun. Marcel dagegen, ein cleverer Mathematiker, war ein Hänfling, viel kleiner, schmaler und schwächer als Lars, in dessen Schatten er Schutz zu suchen schien.

Dann gab es da noch Darian und Sören, zwei unauffällige, ziemlich sportliche Jungen, die sich der Clique manchmal anschlossen, um in den Pausen zusammen Ball zu spielen oder nach der Schule noch ein Eis essen zu gehen.

Eric, der Fußballspieler, hingegen kam nie mit. Er verschwand nach dem Unterricht immer sofort, wahrscheinlich hatte er es eilig, zu seinem Training zu kommen.

Eine weitere Gruppe, die Jonne aufgefallen war, waren die „Physiker", wie er sie für sich nannte: Sven, Patrick, Alex und Tim. Patrick hatte Jonne an einem der ersten Tage angesprochen und ihn gefragt, wie es mit seinen Physikkenntnissen aussähe, sie könnten gut noch jemanden gebrauchen, der bei ihrem Projekt mitmachte. Worin dieses Projekt bestand, hatte er nicht verraten, nur so viel, dass sie es bei „Jugend forscht" einreichen wollten und es bis dahin supergeheim bleiben müsste. Doch Jonne hatte abgewinkt. Technische Tüfteleien waren nichts, das ihn interessierte, und ein Erfinder würde er garantiert nie werden. Aber unsympathisch fand er die vier nicht. Sie hielten sich aus allem heraus, machten ihr Ding und waren immer freundlich, wenn Jonne sie ansprach.

Ja, und dann war da natürlich noch diese Charly, schmächtig und unauffällig. Sie hielt sich abseits von den anderen, blieb immer allein, und doch war es Jonne, als sei sie allgegenwärtig wie ein unsichtbarer Geist, dessen Anwesenheit ständig zu spüren war.

Auch heute saß sie in der großen Pause wieder allein auf einem Mäuerchen auf dem Schulhof, während die anderen sich zu einem Kreis zusammengefunden hatten, um Volleyball zu spielen. „Hey, Jonne, komm doch dazu!“, rief Sören.

Jonne schlenderte auf die Gruppe zu, blieb jedoch stehen, als er an Charly vorbeikam. „Willst du nicht auch mitspielen?“, fragte er. „Du bist doch gut in Ballspielen, das hab ich in Sport gesehen.“

Charly blickte kaum auf, schüttelte nur unmerklich den Kopf und wandte sich von ihm ab.

„Na, dann nicht!“ Jonne zuckte mit den Schultern, ging zu den anderen und kam gerade im richtigen Moment, um einen Ball zu erwischen, der sonst in den Büschen gelandet wäre. Er stieß ihn in Maris Richtung.

Doch die hob nicht einmal die Arme, sondern blieb stocksteif stehen und sah Jonne feindselig an. „Hör mal, wenn du dich lieber mit Schlampen wie der da abgibst“, sie machte eine verächtliche Kopfbewegung in Charlys Richtung, „dann bitte! Aber dann kannst du uns vergessen, kapiert?“

„Mann, nun stell dich doch nicht so an!“, gab Jonne zurück. „Ich hab sie doch nur gefragt, ob sie mitspielen will. Ist das hier ein Exklusivklub, oder was?“

„Na, jedenfalls keiner, in dem Loser wie die etwas zu suchen hätten, klar?“ Damit hob Mari den Ball auf und warf ihn Jonne zu, der ihn mit einer reflexartigen Bewegung zurück in den Kreis spielte.

Das Spiel lief jetzt schnell, Jonne flitzte hin und her und hatte Maris Sprüche bald vergessen. Was ging es ihn schließlich an, was die Mädchen da miteinander auszufechten hatten? Blöder Zickenkrieg. Bestimmt waren sie in ein paar Tagen auf einmal die besten Freundinnen, das kannte man ja.

So schnell allerdings sah es nicht danach aus. Als Jonne am nächsten Morgen in die Klasse kam, saß Charly an ihrem Platz und radierte mit hochrotem

Kopf auf ihrer Tischplatte herum. Ein paar Tische weiter saßen Mari und ihre Freundinnen und blickten grinsend zu ihr hinüber.

„Guckt sie euch an!“, höhnte Lara. „Endlich macht sie mal was, was zu ihr passt! Mehr als ’ne olle Putze wird aus der sowieso nicht!“

„Na, die würde ich nicht mal meinen Keller putzen lassen!“, meinte Mari. „Dann stinkt’s da ja hinterher!“

Michelle lachte. „Außerdem …“

Weiter kam sie nicht, denn in diesem Moment betrat Frau Bellmann den Raum, stellte ihre Tasche ab und wartete, bis alle an ihren Plätzen saßen. „Guten Morgen“, sagte sie und hörte sich mit ihrem verkniffenen Lächeln den träge geleierten Morgengruß der Klasse an. „Na, ihr klingt ja munter!“, bemerkte sie. „Dann wollen wir mal etwas tun, damit ihr in Schwung kommt. Kleine Rechtschreibübung!“ Damit klappte sie die Tafel auf und stutzte.

In riesigen Buchstaben stand da *www.schlampe-charly.de* quer über die Tafelmitte geschrieben. Einige in der Klasse kicherten, Frau Bellmann drehte sich um und rollte mit den Augen. „Müssen diese Schmierereien immer sein?“, fragte sie entnervt und drückte Marcel, der in der ersten Reihe saß, weil er so klein war, den Schwamm in die Hand. „Komm, wisch das weg. Und ihr nehmt schon mal eure Hefte raus.“

Jonne warf einen Blick zu Charly hinüber. Sie schien noch kleiner geworden zu sein auf ihrem Stuhl und rührte sich nicht. Was sie den anderen wohl getan hatte, dass die sie so auf dem Kieker hatten?

Irgendetwas mächtig Mieses musste es ja wohl gewesen sein. Aber eigentlich machte sie gar nicht so einen Eindruck auf ihn. Na, bei Gelegenheit würde er mal nachfragen. Jetzt konzentrierte er sich erst mal auf die blöden Fremdwörter, mit denen Frau Bellmann sie quälte.

Da es an diesem Tag regnete, mussten sich die Schüler während der großen Pausen im Freizeitbereich der Schule aufhalten, liehen sich von der Sozialpädagogin Spiele aus und saßen in kleinen Gruppen an Tischen, einige spielten Billard, andere hockten einfach nur im Aufenthaltsraum zusammen, hörten Musik und unterhielten sich. Charly hatte sich im Flur in eine Ecke gekauert, wo sie, mit Ohrstöpseln in beiden Ohren von allen um sie herum abgeschottet, auf ihrem MP3-Player herumtippte. Sie blickte nicht auf, wenn jemand an ihr vorbeiging.

Jonne schaute ein Weilchen beim Billard zu, kaufte sich beim Hausmeister etwas zu trinken und schlenderte weiter, bis er in den großen Aufenthaltsraum kam, wo Mari und ihre Clique beisammensaßen. Als er an ihnen vorbeikam, schnappte er eine Bemerkung von Lars auf: „Ich hab eine Superidee, wie wir der Schlampe eins auswischen können!“ Er beugte sich zu den anderen, die die Köpfe zusammensteckten, und tuschelte ihnen etwas zu.

Plötzlich warf Lara den Kopf zurück und lachte. „Genial! Schade, dass wir nicht ihr Gesicht sehen können, wenn sie das entdeckt!“

„Phh!“, schnaubte Mari. „Das kannst du dir auch so vorstellen! Sie wird genauso bescheuert gucken wie sonst auch! Die ewig blöde Charly-Fresse!“

Jonne trat näher. „Sagt mal, was habt ihr eigentlich gegen Charly? Was ist denn zwischen euch vorgefallen?“

„Vorgefallen?“ Michelle sah ihn verständnislos an.

„Gar nichts ist vorgefallen“, sagte Mari, „die ist einfach blöd, das sieht man doch!“

„Wie die schon immer guckt, also echt, da könnte ich schon die Wände hochgehen, wenn ich die bloß von Weitem sehe“, meinte Michelle, schüttelte sich die Haare ins Gesicht, duckte sich und blinzelte gespielt ängstlich in die Gegend. „Die ist doch voll bekackt, die totale Loserin!“

Die anderen lachten. Alle, außer Vanessa, wie Jonne auffiel.

„Genau! Genauso sieht sie immer aus! Wie ein bescheuerter Gnom!“, rief Marcel.

Jonne fand zwar überhaupt nicht, dass Michelles Pantomime auch nur im Geringsten an Charly erinnerte, doch bevor er dazu kam, etwas zu sagen, baute sich Lara vor ihm auf. „Was fragst du denn überhaupt? Gefällt sie dir etwa?“

Die anderen brüllten jetzt vor Lachen. „Das kann ja wohl nicht sein!“, rief Lars.

„Was für eine Idee!“, meinte Mari und sah Jonne lauernd an. „So pervers bist du ja wohl nicht, oder?“

„Wieso pervers?“, fragte Jonne.

„Na hör mal, dann kannst du dich ja auch gleich in ein Schimpansenweibchen verlieben!“, erklärte Michelle.

„Oder in eine Schweinebacke!“, krächzte Marcel.

„Oder in einen Arsch mit Ohren!“, versetzte Lars.

Jonne schüttelte den Kopf. „Ihr seid mir echt zu blöd“, sagte er, nahm einen Schluck von seinem Saft und ging zurück in den Billardraum. Da gab es gerade einen Spielerwechsel und Eric drückte Jonne ein Queue in die Hand. „Komm, mach mit!“

Queue *Stock zum Billardspielen*

Jonne stellte sein Getränk ab und beugte sich über den Spieltisch. Im Billard war er gut, sein Vater hatte es ihm während eines verregneten Ostseeurlaubs beigebracht.

Eric sah ihm anerkennend zu. „Mann, du bist ja super! Hast du Lust, nach der Schule noch ’ne Runde zu spielen?“, fragte er, als es zur Stunde klingelte.

Überrascht schaute Jonne auf. „Musst du nicht immer gleich nach der Schule zum Training?“

„Freitags nicht“, sagte Eric. „Also, was ist?“

„Klar, warum nicht?“, erwiderte Jonne, stellte das Queue zurück in den Ständer und gemeinsam gingen sie zurück in ihren Klassenraum.

Leider konnten sie nur eine knappe halbe Stunde spielen, dann mussten sie den Billardtisch für andere Schüler räumen, die schon ungeduldig warteten.

Eric sah auf seine Uhr. „Auch gut“, meinte er. „Jetzt fährt gerade ein Bus. Meine Mutter wird sich sowieso schon fragen, wo ich so lange bleibe.“

„Na, dann tschüss“, sagte Jonne. „Ich bin mit dem Rad da. Blöd bei dem Wetter!“ Eric winkte ab. „Das bisschen Regen!“ Und dann war er verschwunden.

Jonne sah ihm nach. Klar, dachte er, Fußballspieler waren abgehärtet. Er selbst aber konnte sich etwas Schöneres vorstellen, als durch dieses Hamburger Schietwetter nach Hause zu radeln.

Als er in den inzwischen fast leeren Fahrradkeller kam, entdeckte er Charly, die in einer Ecke neben ihrem Rad kniete. Jonne ging zu ihr hinüber und sah, dass auf dem Boden neben ihr ein Haufen zerknülltes Klebeband lag, Paketklebeband. Ein Teil von Charlys Vorderreifen war noch damit umwickelt, es war zwischen die Speichen gedrückt, und Charly mühte sich verbissen ab, es abzupulen. Jonne warf einen kurzen Blick auf ihr Gesicht. Es war puterrot, sie hatte die Haare hinter die Ohren geschoben und war ganz offensichtlich den Tränen nahe.

Jonne hockte sich neben sie und begann, ihr zu helfen. „So eine Gemeinheit", sagte er. „Wer macht denn so was?" Doch in dem Moment, als er die Frage stellte, wusste er auch schon die Antwort. Hatte Lars nicht in der ersten großen Pause damit herumgeprahlt, dass er eine tolle Idee hätte, wie er Charly ärgern könnte?

Charly gab keine Antwort. Aber sie ahnte mit Sicherheit, wer ihr das angetan hatte. Sie zog so wütend an einem Stück Klebeband, dass das Rad ins Kippeln geriet.

Jonne griff an den Lenker, um es festzuhalten, und fasste in eine ekelhafte, schmierige Masse. „Igitt, was ist das denn?" Angewidert zog er die Hand zurück.

„Sprühsahne", sagte Charly. „Sprühsahne?" Jonne betrachtete voller Abscheu seine Hand und hob sie an die Nase. „Aber das Zeug riecht ja eklig!"

„Vergammelt“, sagte Charly nüchtern. Es klang, als sei es das Normalste der Welt, sein Fahrrad mit verdorbener Schlagsahne vollgeschmiert vorzufinden. „Am Sattel und am Gepäckträger ist auch was.“

Jonne sah sich das Fahrrad nun genauer an. Tatsächlich waren Sattel, Rahmen und Lenker von einer fettigen, gelblichen Schicht überzogen und zwischen den Speichen und an den Pedalen entdeckte Jonne noch Reste des Klebebands. Offensichtlich war Charly schon eine ganze Weile dabei, ihr Rad wieder fahrtüchtig zu machen. Und wie es aussah, würde sie noch ziemlich lange brauchen, wenn er ihr nicht half. „Warte, ich gehe mal und gucke, ob ich eine Putzfrau finde, die mir einen Eimer Wasser und einen Lappen gibt. Bin gleich wieder da!“

Er lief durch das inzwischen weitgehend verlassene Schulgebäude und stieß bald auf eine der Reinigungskräfte, die einen Wagen mit Putzutensilien durch den Gang schob. Sie war zuerst etwas misstrauisch, aber Jonne erklärte ihr die Situation, und da füllte sie ihm eigenhändig einen Eimer mit heißem Wasser in dem kleinen Putzraum, zu dem Schüler keinen Zutritt hatten. „Ist mit Lauge, geht besser“, sagte sie mit weichem russischem Akzent und drückte Jonne zwei Lappen in die Hand. „Vorputzen, nachputzen“, erklärte sie. Jonne bedankte sich und eilte zurück zum Fahrradkeller. „Aber alles wiederbringen!“, rief die Frau hinter ihm her.

„Klar!“ Jonne drehte sich im Laufen noch einmal um und winkte ihr mit den Putzlappen zu. Zum Glück war er schon weit genug weg, sodass sie nicht sah, dass dabei etwas Wasser aus dem Eimer schwappte.

Charly hatte fast das gesamte Klebeband entfernt, als Jonne zurückkam. Er stellte den Eimer ab und begann, die Sahne mit einem nassen Lappen abzuwischen. Das war eine ziemlich widerliche Tätigkeit, fand er, die Sahne war schmierig, und von dem säuerlichen Geruch wurde ihm fast übel. Immer wieder musste er den Lappen ausspülen. Charly nahm sich den anderen und wischte nach. Sie arbeiteten schweigend, Jonne fiel beim besten Willen nicht ein, was er sagen sollte.

Schließlich war das Fahrrad zumindest so sauber, dass Charly damit nach Hause fahren konnte, ohne sich schon auf dem Weg aus dem Keller auch noch ihre Hose einzusauen. Gemeinsam sammelten sie die Klebebandreste vom Boden auf und stopften sie in eine der Mülltonnen, die an der Wand standen.

„Ich bringe eben noch den Eimer zurück“, sagte Jonne.

Charly sah ihn zum ersten Mal richtig an und nickte. „Danke“, sagte sie leise. Ihr Gesicht war immer noch sehr rot und etwas verquollen, aber Jonne meinte, so etwas wie ein schwaches Lächeln zu entdecken.

Er lächelte breit zurück. „Dafür nicht“, sagte er. „Wenn du mich mal wieder brauchst, sag nur Bescheid!“ Er nahm Charly den Putzlappen aus der Hand, schnappte sich den Eimer und lief die Treppe hinauf zurück ins Schulgebäude.

Als er in den Fahrradkeller zurückkehrte, war Charly verschwunden.

4. Kapitel

Jonne kam hungrig und durchnässt zu Hause an. Manchmal fand er es doch nicht witzig, dass mittags nie jemand da war. Die Wohnung kam ihm kalt und leer vor, aber immerhin war sie heute besonders aufgeräumt und blitzsauber. Freitags kam immer die Putzfrau, während es an den anderen Tagen Jonnes Aufgabe war, eben mal schnell durchzusaugen oder die Spülmaschine auszuräumen oder den Müll runterzubringen.

Er drehte die Heizung auf, zog sich eine trockene Jeans an und warf die andere in den Trockner. Dann begab er sich auf Nahrungssuche. Der Kühlschrank war fast leer und ihm fiel ein, dass sein Vater heute früher nach Hause kommen wollte und angekündigt hatte, dass sie dann gemeinsam zum Großmarkt fahren würden, um sich wieder anständig mit Vorräten einzudecken. Der Gedanke heiterte Jonne etwas auf. Er liebte diese Einkaufstouren, die langen Gänge im Großmarkt, die überdimensionalen Einkaufswagen, die riesige Auswahl. Bei diesen Einkäufen stellte er sich immer vor, sein Vater und er würden sich auf eine Belagerung vorbereiten, wie früher die Ritter auf den Burgen. Es hatte einen Hauch von Abenteuer. Und wenn die Einkäufe dann erst zu Hause verstaut waren und Jonne und sein Vater erschöpft am Küchentisch saßen, der Vater mit einem Glas Wein und Jonne mit irgendeinem exotischen Fruchtsaft, von denen er immer reichlich aussuchte, dann war das ein wunderbares Gefühl von erledigter Pflicht und tiefer Zufriedenheit. Dann konnte der Feind ruhig kommen.

Jetzt suchte Jonne zusammen, was er noch an Essbarem fand: ein letztes Würstchen, das einsam in etwas trüber Flüssigkeit in einem Glas übrig geblieben, aber anscheinend noch gut war, ein Ei und eine Tomate, die an einer Seite schon etwas matschig war. Die andere Hälfte schnippelte er zusammen mit dem Würstchen in eine Pfanne, schlug das Ei darüber und verzierte das Ganze mit geriebenem Gouda, von dem er noch einen Rest im Kühlschrank entdeckt hatte. Ein echtes Überlebensmahl, wie es das wahrscheinlich am Ende einer langen Belagerungszeit geben würde. Aber es schmeckte nicht schlecht.

Gouda *Käsesorte*

Jonne hatte gerade die Pfanne abgespült, als sein Vater nach Hause kam. „Komm, wir müssen uns heute ein bisschen ranhalten, sonst schaffen wir die Kocherei nachher nicht mehr“, sagte er, während er sein Jackett auszog und gegen einen Pullover tauschte.

„Mann, ja! Das hatte ich ja ganz vergessen!“, rief Jonne. „Basti und seine Eltern kommen ja heute Abend! Was kochen wir denn?“

„Lass uns mal sehen, was wir an Fisch kriegen. Zu aufwendig machen wir es nicht, sonst fühlen sich Christiane und Frank am Ende verpflichtet, uns beim nächsten Mal auch groß zu bekochen, und ich glaube nicht, dass sie darauf besonders scharf sind.“

Jonne grinste. „Nee, wohl kaum, was?“ Als Bastians Eltern seinen Vater und ihn neulich zu einem ersten Kennenlernen eingeladen hatten, hatte es einen an den Rändern verkokelten, ziemlich labbrigen Zwiebelkuchen gegeben und dazu einen Salat, der schon so lange angemacht herumgestanden hatte, dass er alles andere als knackig gewesen war. Aber dafür hatte es guten Wein gegeben, wie Jonnes Vater hinterher gesagt hatte. Davon hatte zwar Jonne nichts gehabt, aber seinen Vater hatte es mit dem schlechten Essen versöhnt.

Und nett waren Bastians Eltern auch, sie alle hatten sich auf Anhieb gut verstanden. Jonnes Vater war erst ein bisschen skeptisch gewesen, ob sie überhaupt viel miteinander anzufangen wüssten. „Das sind doch die totalen Teesocken“, hatte er gemeint. „Guck sie dir nur an, immer in selbst gestrickten Pullovern und Gesundheitslatschen! Er, das musst du zugeben, sieht aus wie ein zottelbärtiger Graupelbär und sie ist Heilpraktikerin, ich bitte dich! Bestimmt servieren sie uns Kräutertee zum Essen!“

Aber dann war es doch ein netter Abend geworden. Christiane, Bastians Mutter, die zwei Räume in ihrer Erdgeschosswohnung als Praxis eingerichtet hatte, stammte aus der Pfalz, wo ihre Eltern ein Weingut bewirtschafteten, daher der ausgezeichnete Wein. Frank, Bastians Vater, war Psychologe und arbeitete an der Uni. Beide interessierten sich sehr für Kunst und Fotografie und reisten gern, so kamen sie schnell mit Jonnes Vater ins Gespräch. Als sich dann auch noch herausstellte, dass sie alle drei gleichzeitig in München studiert hatten, gab es eine Menge, worüber sie reden konnten.

„Hm, das war köstlich!“ Christiane schob ihren Teller ein wenig von sich weg, lehnte sich zurück, legte eine Hand auf den Magen und strahlte Jonnes Vater an. „Du bist wirklich ein begnadeter Koch, Daniel!“

Jonnes Vater lachte. „Warte erst mal ab, bis du den Nachtisch probiert hast! Mousse au chocolat, zum ersten Mal allein von Jonne zubereitet!“

„Echt, so was kannst du?“ Bastian sah seinen Freund mit großen Augen an. Mit seinem rötlichen Stoppelputz, dem blauen Kapuzenshirt, der tief sitzenden schwarzen Jeans und seinen überdimensionalen, schmuddeligen Turnschuhen sah er etwas verwegen aus, ganz und gar nicht wie der Sohn von zwei „Teesocken“.

„Na ja, ich lerne es langsam“, sagte Jonne bescheiden. Normalerweise gab er vor Gleichaltrigen sein Interesse am Kochen nicht gern zu, schon gar nicht vor Typen wie Bastian, der sich vor allem für Rennräder und Punkrock interessierte, aber jetzt tat dessen unverhohlene Bewunderung Jonne gut.

„Sag mal“, Frank wandte sich an Jonnes Vater, „wäre ein so kreativer Junge wie Jonne nicht viel besser an der Waldorfschule aufgehoben?“

Jonnes Vater zuckte mit den Schultern. „Keine Ahnung. Die Frage hat sich bisher nicht gestellt, in Neudorf wäre das sowieso nicht gegangen.“

„Wie gefällt es dir denn an deiner neuen Schule?“, fragte Frank. „Hast du schon Freunde gefunden?“

Jonne hatte den ganzen Nachmittag nicht mehr an die Schule gedacht, so sehr waren sein Vater und er mit dem Einkaufen und Kochen beschäftigt gewesen.

Doch nun fiel ihm das Ereignis im Fahrradkeller wieder ein. „Nein, so richtig noch nicht. Da sind ein paar Typen in meiner Klasse, die sind ganz in Ordnung, mit dem einen spiele ich manchmal Billard. Aber ... da gehen ein paar komische Sachen ab, die ich ganz schön daneben finde."

„Wie? Davon hast du ja noch gar nichts erzählt!" Sein Vater begann, die Teller einzusammeln, und holte den Nachtisch aus dem Kühlschrank.

Nachdem alle probiert und Jonnes Werk gebührend gelobt hatten, fing Jonne an, von Charly zu erzählen. Rückwärts sozusagen. Er begann mit der Klebeband-Sahne-Attacke auf ihr Fahrrad.

„Na, die muss den anderen doch was total Schlimmes angetan haben, dass die so was machen", unterbrach ihn Bastian. „Wahrscheinlich war das eine lang verdiente Rache."

Jonne schüttelte den Kopf. „Da bin ich nicht so sicher. Ich hab die anderen nämlich mal gefragt, ob es einen bestimmten Grund gibt, warum sie Charly immer ärgern, und anscheinend war da nichts. Sie finden sie eben einfach nur blöd."

„Und? Ist sie das?", wollte Bastian wissen.

„Keine Ahnung ... Nö, eigentlich nicht", sagte Jonne. „Sie ... sie ist irgendwie gar nichts, nicht blöd, nicht nett, bloß unauffällig und so ... so ... irgendwie in sich verkrochen."

Frank sah Jonne nachdenklich an. „Was machen die anderen denn noch? Gab es da schon mehr solcher Übergriffe?"

Jonne spielte mit seinem Nachtischlöffel. „Nee, weiß nicht. Glaub ich nicht. Die ärgern sie nur mit Sprüchen und so."

„Was für Sprüchen?" Frank ließ nicht locker. Er wollte alles ganz genau wissen, und schließlich erzählte Jonne, welche Bemerkungen die Clique um Mari über Charly machte, dass sie ihr den Tisch damit vollkritzelten und dass sie sie von ihren Pausenspielen ausschlossen. Auch die Situation im Sportunterricht fiel ihm plötzlich wieder ein.

Als er geendet hatte, sah er Frank erschrocken an. „Da kommt echt eine ganze Menge zusammen, was? Voll mies, oder?"

Frank nickte. „Und was sagt eure Lehrerin dazu?"

„Die? Die kriegt das doch gar nicht mit! Okay, neulich mal, als die was Fieses über Charly an die Tafel geschrieben haben, aber da hat sie nur dafür gesorgt, dass es abgewischt wurde, und hat sich nicht weiter darum gekümmert. Das fand ich irgendwie auch ganz gut, wenn sie da noch großen Stress gemacht hätte, wäre das alles doch nur noch peinlicher für Charly geworden."

„Da hat er recht", meinte Bastian. „Würden die Lehrer sich immer einmischen, wenn mal jemand gedisst wird, dann kämen sie ja zu nichts anderem mehr. Außerdem, das geht die auch nichts an!"

Christiane sah ihren Sohn verständnislos an. „Gedisst?"

„Na ja, geärgert, gemobbt, angemacht", erklärte Bastian.

„Wie? Kommt das bei euch an der Schule etwa auch vor?“, fragte seine Mutter entgeistert.

Bastian warf ihr nur einen mitleidigen Blick zu. „Mama! Was glaubst du denn? Dass an der Waldorfschule nur Engel rumlaufen, die keiner Menschenseele etwas antun?“

„Ja, aber …“, sagte Christiane, doch ihr Mann unterbrach sie.

„Natürlich kommt es überall vor, dass Schüler sich untereinander mal ärgern, aber bei dem, was Jonne hier erzählt, scheint es sich um etwas Ernsteres zu handeln. Du hast eben von Mobben gesprochen, Basti, das trifft die Sache wohl am ehesten.“

„Wieso?“, fragte Jonne. „Mobben, dissen, jemanden blöd anmachen … ist doch alles das Gleiche. Es ist immer scheiße, egal, wie man es nennt.“

„Da hast du im Kern wohl recht“, sagte Frank, „doch Mobbing ist in der Psychologie ein richtiger Fachbegriff.“ Er setzte sich in seinem Stuhl auf, stützte beide Ellenbogen auf die Tischplatte und legte die Fingerspitzen aneinander. Plötzlich sah er aus wie ein Hochschulprofessor, der vor seinen Studenten thront, und er klang auch so. „Unter echtem Mobbing versteht man eine Situation, in der solche Schikanen, wie du sie gerade geschildert hast, Jonne, über einen längeren Zeitraum systematisch und wiederholt auftreten und sich immer nur gegen eine bestimmte Person richten. So kleine Ärgereien oder Streitigkeiten, die sich nach ein paar Tagen wieder erledigt haben, bezeichnet man nicht als Mobbing.“

„Du meinst also“, sagte Jonne, „wenn sich eine Clique ein Opfer ausguckt und es gezielt fertigmacht. Richtig?“

Frank nickte.

„Und was ist dabei ein längerer Zeitraum?“, wollte Jonne wissen.

„Nun, ein paar Monate, ein halbes Jahr. Doch es kommt leider auch vor, dass sich so etwas über Jahre hinzieht. Übrigens gibt es das auch unter Erwachsenen.“

Jonne stützte das Kinn auf die Faust. „Ist ja heftig!“

Sein Vater lachte. „In der Tat, das ist es! Aber du weißt ja gar nicht, wie lange das schon so geht, oder? Vielleicht ist es nur eine vorübergehende Sache und sie vertragen sich wieder. Ich denke, du solltest der Sache erst einmal etwas Zeit geben, bevor wir Franks Diagnose als Fait accompli betrachten.“

„Hä?“ Bastian sah ihn irritiert an. „Was für eine Fête?“

„Eine vollendete Tatsache“, erklärte Frank. „Du hast natürlich recht, Daniel, vielleicht bin ich mit meiner Einschätzung der Situation wirklich viel zu weit vorgeprescht. Vielleicht ist alles viel harmloser, als ich denke.“

Bastian wandte sich an Jonne. „Warum dreht ihr den Spieß nicht einfach mal um, Charly und du? Euch fällt doch bestimmt was ein, womit ihr die anderen ärgern könnt!“

Jonne zögerte. „Das ist doch Mist“, sagte er dann. „Das gibt bloß noch mehr Krieg. Außerdem glaube ich nicht, dass Charly das will. Sie will bestimmt gar keinen Zoff, sie will bloß in Ruhe gelassen werden.“ Sogar von ihm. Sie stellte ja schon ihre Stacheln auf, wenn er bloß nett zu ihr sein wollte. Selbst heute, als sie sich immerhin hatte helfen lassen, war sie anschließend sofort abgehauen, dabei hatte Jonne eigentlich gedacht, dass sie auf ihn warten und wenigstens Tschüss sagen würde.

„Nein, zurückzuärgern wäre auf keinen Fall der richtige Weg“, meinte nun Christiane. „Mit solchen Aktionen tätet ihr Charly überhaupt keinen Gefallen, im Gegenteil, ihr würdet wahrscheinlich alles nur noch schlimmer machen.“

Frank nickte zustimmend. „Ich denke, du solltest das alles einfach mal weiter beobachten. Wenn du allerdings nach einer Weile zu dem Ergebnis kommst, dass es wirklich schlimm ist, solltest du es uns unbedingt erzählen. Dann müssen wir etwas unternehmen.“

„Und was?“, fragte Jonne.

„Das überlegen wir, wenn es so weit ist“, sagte sein Vater. „Man sollte nie über Brücken gehen wollen, die man noch nicht erreicht hat.“

„Außerdem müssen wir die Situation auch erst viel besser kennen, wenn wir Charly helfen wollen“, sagte Frank.“ Er schob sein leeres Glas über den Tisch. „Sag mal, ist noch etwas von diesem wunderbaren Wein da?“

Auch Christiane ließ sich noch einmal einschenken. „Verrätst du mir das Rezept für die Fischpfanne, Daniel? Sie war wirklich köstlich.“

Bastian und Jonne beschlossen, die Erwachsenen nun sich selbst zu überlassen. „Können wir noch rüber in die Garage gehen, ein bisschen Musik machen?“

Sein Vater sah auf die Uhr. „Aber nicht länger als eine Stunde, höchstens anderthalb, okay?“

Die Jungen nickten und grinsten. Mit so viel Zeit hatten sie gar nicht gerechnet.

5. Kapitel

Am Samstag wurde Jonne sehr früh von seinem Vater geweckt. Sie hatten beschlossen, den Tag auf dem Land bei Tante Betty und Onkel Klaus zu verbringen und wollten zum Frühstück dort sein. „Danach nehmen wir uns das Ruderboot und fahren zum Angeln auf den See“, hatte Jonnes Vater versprochen.

Tante Betty war eigentlich nicht wirklich Jonnes Tante, sondern nur eine Cousine von Jonnes Vater. Doch schon immer war sie für Jonne ganz selbstverständlich die „Tante“ gewesen. Sie war einige Jahre älter als sein Vater, und ihre Kinder, ein Sohn und eine Tochter, waren schon erwachsen und längst aus dem Haus. Nur Julius, der jüngste Sohn, wohnte noch bei seinen Eltern, aber er war auch schon neunzehn und machte gerade sein Abitur.

Onkel Klaus hatte den Bauernhof seiner Eltern übernommen und mit den Jahren war aus Tante Betty eine richtige Landfrau geworden. Sie hielt ein paar Hühner und zog Gemüse in ihrem großen Garten, während Onkel Klaus sich um die riesigen Felder kümmerte, auf denen er vorwiegend Getreide anbaute. Als ihre Kinder klein waren, hatten sie ein paar Ponys angeschafft und daraus hatte sich im Laufe der Jahre eine Zucht entwickelt. Seit einiger Zeit boten sie im Sommer Reiterferien für Kinder an und hatten in jedem Jahr viele Anmeldungen – etwas, was Jonne gar nicht verstand. Er fand die Ponys zwar ganz niedlich, aber im Großen und Ganzen eher uninteressant.

Da war es schon besser, auf den See hinauszurudern, an dem das Grundstück lag, und Karpfen oder Hechte zu angeln. Nicht dass sie jedes Mal Glück gehabt hätten, doch wenn, dann war das wirklich aufregend! Viel besser, als auf einem Pferd herumzutrotten.

Jetzt waren sie lange nicht auf dem Hof gewesen, seit dem letzten Sommer nicht, denn von Neudorf aus, ihrem alten Zuhause, war es zu weit gewesen, als dass es sich gelohnt hätte, mal eben für einen Tag dorthin zu fahren. Nun aber, mit dem ersten schönen Frühlingswetter, wollten sie die Chance nutzen. „Wir brauchen mal wieder ein bisschen Landleben“, hatte Jonnes Vater gemeint. „Immer nur in der Stadt, das ist auch nichts.“ Jonne hätte zwar auch nichts gegen eine Hafenrundfahrt oder eine Bootstour auf der Alster gehabt, aber das konnten sie natürlich immer noch machen.

Tante Betty empfing sie in ihrer großen Küche mit einem gewaltigen Frühstück. Es gab frische Eier – „Heute Morgen gelegt!“, erklärte sie – und gebratenen Speck, selbst gebackenes, knuspriges Brot, Leberwurst und Käse. Dazu den besten Kakao der Welt, wie Jonne fand. So kriegte ihn nur Tante Betty hin.

„Wo stecken denn deine Männer?“, fragte Jonnes Vater.

„Klaus ist auf dem Feld“, sagte Tante Betty, „aber er müsste jeden Moment kommen. Und Julius verbringt das Wochenende bei einem Freund. Setzt euch doch schon mal.“

Während sie ihnen Kaffee und Kakao einschenkte, schaute Jonne sich in der Küche um. Alles war noch genauso schön altmodisch wie immer. In den offenen Regalen des mächtigen, alten Küchenschranks stand das bunt bemalte Keramikgeschirr, auf den Fensterbänken drängelten sich Schalen und Töpfe mit Küchenkräutern, auf der Sitzbank neben dem Tisch stapelten sich alte Zeitschriften, Saatgutkataloge und Reklameblättchen. Alles war ein bisschen verkramt und sehr gemütlich.

Jonne horchte auf, als er das Geräusch eines Traktors hörte. „Da kommt Onkel Klaus!", rief er und spähte zum Fenster hinaus auf den Hof. Der Traktor kam vor dem gegenüberliegenden Stallgebäude zum Stehen, tuckerte noch ein paar Mal, dann wurde es wieder still. Nur das Gackern der Hühner war noch zu hören. Und dann das Klackklack von Ponyhufen. Aus dem Stall kam ein Mädchen, das ein Pony am Halfter führte. Sie trug Jeans und einen leuchtend roten Pullover, eine Reitkappe und Reitstiefel.

Sie schwang sich in den Sattel und winkte zu Onkel Klaus hinüber. „Hi, Klaus! Ich bin dann mal weg jetzt!"

Onkel Klaus winkte zurück. „Denn mal tschüss, min Deern! Und sei vorsichtig!"

min Deern *(Hamburger Dialekt) mein Mädchen*

Das Mädchen drehte sich noch einmal um und lachte. „Bin ich immer, weißt du doch!" Dann gab sie dem Pony die Sporen und trabte vom Hof.

Jonne starrte gebannt hinter ihr her. „Wer ... was macht die denn hier?"

Tante Betty kratzte den Speck aus der Pfanne. „Charly? Och, die ist fast jedes Wochenende hier. Ihre Eltern haben ihr eins unserer Ponys gekauft, aber natürlich können sie es in der Stadt nicht halten. Also kommt Charly zu uns heraus, wann immer sie kann. Sie ist eine kleine Pferdenärrin."

„Und dann reitet sie ganz allein aus?", fragte Jonne.

„Oft genug, ja. Heute hat sie sich allerdings mit einer Freundin verabredet, die beiden wollen ein Picknick machen. Aber am Nachmittag kommt sie zurück, dann kannst du sie kennenlernen."

„Ich … ", begann Jonne, wurde aber durch Onkel Klaus unterbrochen, der nun die Küche betrat.

„Da seid ihr ja, ihr zwei! Lange nicht gesehen!" Es gab Umarmungen und Schulterklopfen und dann setzten sie sich endlich alle zum Essen.

„Nun erzählt erst mal von eurem Umzug und eurer neuen Wohnung!", sagte Tante Betty. „Habt ihr euch schon eingelebt?"

Es wurde fast Mittag, bis Jonne und sein Vater sich endlich zum See aufmachten, so viel hatten sie sich zu erzählen.

„Jetzt beißen sie bestimmt nicht mehr", sagte Jonne, als sie mit ihren Angeln über der Schulter den gewundenen Gartenweg zum See hinuntergingen.

„Wahrscheinlich nicht, aber ein bisschen Rudern wird uns guttun", meinte sein Vater. „Ich bin ganz eingerostet nach dem langen Winter."

„Außerdem kommt es beim Angeln mehr auf das Angeln an als auf den Fang", sagte Jonne.

Sein Vater strubbelte ihm durch das Haar. „Du sagst es, mein Sohn!"

Sie verstauten ihre Angeln, eine alte Wachstuchdecke und den Korb mit der Verpflegung, den Tante Betty ihnen mitgegeben hatte, in dem Boot, das an dem kleinen Steg vertäut lag, und als sie startklar waren, löste Jonne das Seil und sie ruderten los, im glitzernden Sonnenschein mitten auf den See hinaus. Außer dem Aufschlagen der Ruder und dem Geschnatter der Enten, das hin und wieder ertönte, war bald nichts mehr zu hören.

vertäuen *mit Tauen festmachen*

Schließlich holten sie die Ruder ein, warfen ihre Angeln aus und saßen in einträchtigem Schweigen da. Es war fast windstill, das Boot schien auf dem Wasser zu stehen.

Jonne war, als könne er die Stille *hören*. So intensiv wie heute hatte er sie noch nie wahrgenommen, und plötzlich wurde ihm klar, dass er eine solche Ruhe zuletzt nur in Neudorf erlebt hatte. In Hamburg war, obwohl ihre Wohnung in einer Seitenstraße lag, im Hintergrund immer das Rauschen des Verkehrs zu hören, oft auch Fußgänger, die sich auf der Straße unterhielten, oder ein Martinshorn, das aus der Ferne zu ihnen herüberschrillte.

Natürlich biss kein Fisch an. Als sie hungrig wurden, gaben sie es auf und ruderten zu der Bucht am gegenüberliegenden Ufer. Dort befand sich ein Wald mit einer grasbewachsenen Lichtung, die in der Mittagszeit in der Sonne lag. Sie zogen das Boot an Land, breiteten die Decke aus und ließen sich zu ihrem Picknick nieder. Trotz des üppigen Frühstücks hatte Jonne schon wieder Hunger.

„Schade, dass es noch zu kalt zum Schwimmen ist“, sagte er.

„Kommt noch“, erwiderte sein Vater träge. „In ein paar Wochen ist es so weit.“

„Wenn es weiter so schön bleibt, können wir dann nicht mal ein ganzes Wochenende hier verbringen?“, schlug Jonne vor. „Mit Zelt und Lagerfeuer und allem?“

„Gute Idee!“, sagte sein Vater. „Und dann rudern wir am frühen Morgen raus, zu der Zeit beißen die Fische bestimmt besser.“

Jonne streckte sich auf der Decke aus und starrte in den Himmel. Mann, tat das gut, mal wieder so richtig draußen zu sein! Wie sehr er das vermisst hatte, seit sie in der Stadt wohnten, merkte er erst jetzt.

Als sie Stunden später – einen Versuch, etwas zu fangen, hatten sie doch noch gemacht, aber auch der war vergeblich gewesen – auf den Hof zurückkehrten, kam auch Charly gerade von ihrem Ausritt zurück. Sie sprang aus dem Sattel und erstarrte, als sie Jonne auf sich zukommen sah. Mit einer hastigen Bewegung griff sie nach den Zügeln und verschwand eilig mit dem Pony im Stall.

Jonne sagte nichts, sondern half seinem Vater, die Angeln und die Decke im Kofferraum ihres Autos unterzubringen.

„Jetzt freue ich mich auf einen heißen Kaffee“, sagte sein Vater.

„Geh doch schon mal rein“, sagte Jonne, „ich komme gleich nach.“

Sowie sein Vater die Tür zum Wohnhaus hinter sich geschlossen hatte, lief Jonne in den Stall.

Charly hatte ihrem Pony bereits den Sattel und das Zaumzeug abgenommen und war dabei, es zu striegeln. Sie sah kaum auf, als Jonne neben sie trat. „Was machst du denn hier?“, fragte sie, ohne sich mit einer Begrüßung aufzuhalten. Freundlich klang sie nicht.

„Ich bin zu Besuch“, erklärte Jonne. „Tante Betty ist eine Cousine meines Vaters. Im Sommer kommen wir öfter hierher.“

Charly bückte sich, um den Bauch des Ponys zu säubern. Sie machte das sehr gründlich. Schließlich aber richtete sie sich auf und sah Jonne direkt in die Augen. Sie war von der Sonne gebräunt und ihr Gesicht, aus dem die Haare zurückgebunden waren, wirkte ganz anders als sonst, ihre Augen hatten etwas Strahlendes. Jonne konnte kaum glauben, dass das die scheue, missmutige kleine Charly war, die er aus der Schule kannte. „Du brauchst denen nicht zu erzählen, dass wir uns kennen“, sagte sie.

Jonne sah sie überrascht an. „Nein, brauche ich nicht. Aber warum nicht? Ist doch nichts Schlimmes, oder?“

„Nee“, sagte Charly gedehnt. „Trotzdem, lass es, okay?“

„Na gut, wie du meinst.“ Plötzlich grinste er. „Dann kennen wir uns eben nicht. Darf ich mich vorstellen? Mein Name ist Jonne Fintan Heidbrink. Ich komme aus Hamburg und bin ein Verwandter des Hauses.“

Mit einer formvollendeten Verbeugung streckte er ihr die Hand entgegen.

Charly lachte hell auf und schüttelte sie. „Ich heiße Charleen Jassen, genannt Charly. Und das ist Julia, mein Pony."

Jonne tätschelte die Mähne des kleinen hellbraunen Ponys. „Guten Tag, Julia", sagte er. „Ich habe leider keinen Zucker für dich dabei."

„Du kannst ihr einen Apfel da drüben aus dem Korb geben." Charly deutete auf einen altersschwachen Weidenkorb, in dem kleine, schrumpelige Äpfel lagen. „Ist sowieso gesünder für sie. Sie wird mir nämlich ein bisschen zu dick in letzter Zeit, aber das werden wir schon ändern, jetzt, wo wir wieder öfter ausreiten können. Nicht wahr, meine Süße?" Sie klopfte dem Pony liebevoll auf den Hals und begann wieder, es zu striegeln. „Wenn du mir helfen willst, Jonne Fintan, kannst du mal Wasser holen. Die Eimer stehen dahinten."

Jonne verbeugte sich noch einmal. „Aber gern, Charleen, genannt Charly. Darf es sonst noch etwas sein?"

„Ich brauche noch frisches Heu. Aber lass mal, darum kümmere ich mich selbst."

Also holte Jonne nur das Wasser, dann kletterte er auf die hölzerne Boxentür, ließ sich darauf nieder und sah Charly schweigend bei ihrer Arbeit zu. Er musste sich erst einmal fassen. Dieses Mädchen, das da so zielstrebig vor sich hinwerkelte und dabei munter von ihrem Reitausflug erzählte, war eine völlig andere Person als die Charly, die er bislang erlebt hatte.

Das Einzige, was noch an das verhuschte, schüchterne Mädchen erinnerte, waren ihre viel zu kurzen, hässlich abgekauten Fingernägel.

Schließlich war Charly fertig. Sie warf dem Pony noch einen Armvoll Heu in die Box und schmiegte kurz das Gesicht in seine dichte, lange Mähne. „Ich komme nachher noch mal zu dir“, sagte sie sanft.

Jonne sprang von der Boxentür und Charly verschloss sie sorgfältig. Dann legte sie das Putzzeug in einen Plastikkasten und verstaute ihn im Schrank. „Trägst du den Sattel?“, bat sie, griff sich das Zaumzeug und ging voraus zur Sattelkammer.

Jonne folgte ihr. „Du, wegen gestern, die Sache mit dem Fahrrad ... Sollten wir da nicht ...?“

Weiter kam er nicht. Charly war wie eine Furie herumgefahren und funkelte ihn feindselig an. „Nein! Nichts sollten wir! Und wehe, du sagst was! Zu keinem, verstanden?“ Damit wandte sie sich wieder um und stieß die Tür zur Sattelkammer auf, warf das Zaumzeug über einen Haken und riss Jonne den Sattel aus dem Arm. „Und noch was! Du erzählst auch niemandem in der Schule von hier, klar! Wenn du das machst, dann ... dann ...“

Ihr schien nichts Rechtes einzufallen, womit sie Jonne drohen konnte, aber er verstand auch so und hob abwehrend die Hände. „Okay! Ist ja okay! Ich sag keinem was! Obwohl ...“

„Kein *obwohl*!“, fuhr sie ihn an, warf ihm einen letzten finsteren Blick zu, stapfte aus der Sattelkammer und verließ den Stall.

Verwirrt sah Jonne ihr hinterher. Da war sie doch wieder, die verschlossene Charly, die er kannte, die nicht einmal ein Gespräch zuließ. Dabei hatte er doch nur fragen wollen, warum niemand wissen sollte, dass sie sich hier begegnet waren. Warum sollte er Tante Betty und Onkel Klaus nicht erzählen, dass sie sich aus der Schule kannten? War ihr das peinlich? Warum? Schämte sie sich etwa, mit ihm befreundet zu sein?

Ach was, befreundet! Von einer Freundschaft waren sie so weit entfernt wie vom Mann im Mond. Was Jonne überaus schade fand, wie er plötzlich überrascht feststellte.

Immer noch grübelnd betrat er die Küche. Alle hatten sich bereits um den Abendbrottisch versammelt, auch Charly war da. Jonne setzte sich ihr gegenüber. Aber die beiden wechselten kein Wort mehr miteinander, was niemandem auffiel, da die Erwachsenen einander so viel zu erzählen hatten.

Als Jonne und sein Vater sich schließlich aufmachten, um nach Hause zu fahren, war Charly irgendwohin verschwunden und kam auch nicht mehr zurück, um sich zu verabschieden. Aber das kannte Jonne ja mittlerweile von ihr.

6. Kapitel

Jonne war nicht überrascht, als Charly am Montag in der Schule so tat, als sei nichts gewesen, er hatte nichts anderes erwartet. Sie war wieder wie immer in der Schule, klein, geduckt und so blass, als hätte jemand über Nacht die Sonnenbräune aus ihrem Gesicht gewischt.

Auch sonst war alles wie immer. Charly hielt sich von allen abseits und machte sich so unsichtbar wie möglich. In den Pausen konnte Jonne sie nirgends auf dem Schulhof entdecken.

Im Sportunterricht wurde sie, als sie einen Staffellauf machen sollten, wieder nicht in eine Mannschaft gewählt. Sie blieb als Letzte übrig und musste sich, damit es aufging, Maris Mannschaft anschließen. Lara sagte grantig: „Na, damit ist ja wohl vorprogrammiert, dass wir verlieren, wenn wir die blöde Schlampe noch mitziehen müssen!“

Daraufhin zischte Mari Charly zu: „Du läufst als Letzte, Stinke-Charly. Oder glaubst du, jemand will den Stab noch anfassen, wenn du ihn in der Hand gehabt hast?“

Jonne glaubte nicht recht gehört zu haben. Er holte tief Luft und wollte gerade etwas sagen, doch da sah er, wie Charly einen ängstlichen Blick in Richtung des Sportlehrers warf, der anscheinend nichts mitbekommen hatte. Dann sah sie ihn an und schüttelte kaum merklich den Kopf. Also schloss Jonne den Mund wieder und sagte nichts.

Ganz offensichtlich wollte Charly um keinen Preis, dass es irgendwelches Theater gab. Warum nur nicht? Wovor hatte sie Angst? Gab es da doch irgendetwas in der Vergangenheit, das sie angestellt hatte und von dem sie nicht wollte, dass es ans Tageslicht kam? Fast schien es Jonne so, denn sie nahm die Gemeinheiten der anderen so widerspruchslos hin, als hätte sie diese verdient, als seien sie eine gerechte Strafe für irgendetwas, wovon Jonne keine Ahnung hatte.

Immerhin gewann Maris Mannschaft doch. Michelle und Lara, die zu Anfang liefen, holten einen riesigen Vorsprung heraus, gegen den die anderen, zu denen Jonne gehörte, keine Chance mehr hatten, zumal bei ihnen auch Lars mitlief. Er watschelte mehr, als dass er lief, und kam erst nach mehreren Minuten keuchend ins Ziel. Doch seltsam – darüber machte niemand eine Bemerkung, nicht mal ein Kichern war zu hören.

Später hatten sie Deutsch und mitten in der Stunde reichte Eric an Jonne einen zusammengeknickten Zettel weiter, der durch die Bankreihen gewandert war. Für Jonne Fintan, stand darauf und als i-Punkt war ein winzig kleines Herz gemalt. Jonne faltete den Zettel unauffällig unter dem Tisch auseinander und las: *Kommst du nach der Schule noch mit in die Eisdiele? Wir gehen alle – außer der Schlampe natürlich!* Darunter war ein Smiley gemalt.

Jonne sah sich in der Klasse um und begegnete Laras gespanntem Blick. Er grinste, nickte ihr zu und sah, wie sie rot wurde und schnell wegguckte. Die Mädchen sollte man verstehen!

Alle, das waren Mari und Lara, Michelle und Vanessa und natürlich das Pat-und-Patachon-Gespann Lars und Marcel. Die letzte Stunde fiel aus, darum hatten sie alle Zeit. Sogar Eric schloss sich ihnen an.

Draußen vor der Eisdiele schoben sie zwei der kleinen, runden Tische zusammen und mussten sich noch zwei Stühle von den Nachbartischen heranholen, damit sie alle Platz fanden.

„Geil!", meinte Lars und schleckte genüsslich an seinem Eis – er hatte sich natürlich von allen das größte bestellt, vier Kugeln! „Wenn ich mir vorstelle, dass wir jetzt Physik hätten!"

Mari streckte sich lang in ihrem Stuhl aus und hielt das Gesicht in die Sonne. „Wenn das mit dem Wetter so weitergeht, können wir bald ins Freibad."

„In welches geht ihr denn?", fragte Jonne. Soweit er die Lage erkundet hatte, gab es zwei, die nicht allzu weit entfernt waren.

Lara, die ein bisschen gedrängelt hatte, um den Platz neben ihm zu erwischen, erklärte es ihm. Dabei lehnte sie sich nah zu ihm herüber, legte ihm ab und zu die Hand auf den Arm und ließ sie da schließlich liegen, als hätte sie sie dort vergessen.

Jonne tat so, als müsse er sich hinter dem Ohr kratzen und zog seinen Arm weg. „Habt ihr schon das Silber-Schwimmabzeichen?", fragte er.

Bis auf Michelle und Eric schüttelten alle den Kopf. „Das wollen wir dieses Jahr machen", sagte Mari.

„Also jedenfalls Lara, Sören, Darian und ich. Hast du es schon oder machst du mit?“

„Ich mache mit“, sagte Jonne und wandte sich an Vanessa. „Und was ist mit dir?“

Vanessa winkte ab. „Ach, ich bin nicht so gut im Schwimmen. Vor allem das Tauchen ist überhaupt nicht mein Fall, da krieg ich die totalen Panikanfälle.“ Sie lachte dabei, anscheinend machte es ihr gar nichts aus, das zuzugeben.

„Außerdem hat Vanessa gar keine Zeit mehr, jeden Tag ins Schwimmbad zu kommen“, sagte Michelle. „Sie spielt nämlich seit Neuestem im MJO und muss natürlich superviel üben!“ Es klang, als wäre sie sehr stolz auf ihre Freundin.

„MJO?“, fragte Jonne. „Was ist das denn? Klingt wie Magische Jonglier-Organisation.“

Vanessa lachte. „Das ist das Mendelssohn Jugendsinfonieorchester. Ich spiele Geige.“

„Es ist das beste Jugendorchester in ganz Hamburg“, ergänzte Michelle. „Vanessa ist extrem gut, sonst wäre sie da nie reingekommen!“

„Echt?“ Jonne sah Vanessa bewundernd an. Irgendwie konnte er sie sich ganz gut mit einer Geige im Arm vorstellen.

„Na ja, bilde dir mal nicht zu viel ein“, sagte Mari. „Vom Orchester zu einer Solokarriere ist es noch ein langer Weg.“

„Genau! Und die meisten schaffen ihn nicht, das weiß man ja“, fügte Lara hinzu. „Was ist, Jonne, willst du noch einen Milchshake? Ich gebe ihn dir aus.“

Jonne sah sie irritiert an. „Nee, danke, lass mal!“ Dann wandte er sich wieder Vanessa zu. „Wann gebt ihr denn mal ein Konzert? Da würde ich gerne kommen. Ich bin zwar nicht so der Klassik-Fan, aber trotzdem.“

„Irgendwann Ende Mai. Aber ob ich da schon dabei bin, weiß ich noch nicht. Ich hab ja gerade erst angefangen“, sagte Vanessa.

„Sie wird bestimmt mal eine große Geigerin“, prophezeite Michelle. „Und ich werde dann ihr Bodyguard!“

Vanessa nickte vergnügt. „Michelle hat gerade einen Selbstverteidigungskurs angefangen“, erklärte sie Jonne. „Du wirst sehen, wir werden das ideale Team!“

„Also, ich gehe jetzt!“ Mari stand auf. Sie wirkte plötzlich sehr schlecht gelaunt.

Auch Lara erhob sich. „Ich komme mit. Hier stinkt’s mir zu sehr nach Angeberei!“

Lars löffelte hastig den Rest aus seinem Eisbecher und lief hinter den beiden Mädchen her, was wiederum für Marcel das Signal war, ebenfalls aufzubrechen und Lars zu folgen.

Eric grinste. „Abmarsch der Zicken und Böckchen“, kommentierte er fröhlich. „Dann kann es ja jetzt gemütlich werden. Erzähl mal von diesem Selbstverteidigungskurs, Michelle, wie bist du denn darauf gekommen?“

„Ich gar nicht! Meine Mutter meinte, ich solle so was machen, weil ich nicht so gut damit klarkomme, dass ich so schnell wachse. Ich fühle mich immer so ... so ... ach, ich weiß auch nicht, irgendwie falsch in meinem Körper.“

Eric, der Michelle sogar noch um einen halben Kopf überragte, nickte. „Das Gefühl kenne ich. Ging mir auch eine Zeit lang so. Aber der Sport hilft.“

„Klingt ja toll, was ihr alle so macht“, meinte Jonne.

„Hast du denn gar kein Hobby?“, erkundigte sich Vanessa.

„Doch, klar, eine Menge! Ich mache Musik mit einem Freund, er spielt Schlagzeug, ich Gitarre, und dann lese ich viel und gehe mit meinem Vater angeln und wir reisen und ...“, er sah die anderen unsicher an, „ich koche gern.“

Zu seiner Erleichterung lachte niemand. Im Gegenteil, Vanessa sah ihn bewundernd an. „Du kochst? Das finde ich klasse, wenn Männer so was tun. Willst du mal ein berühmter Koch werden?“

Jonne zuckte mit den Schultern. „Keine Ahnung. Ich glaube nicht. Beschissene Arbeitszeiten, verstehst du?“

„Schade!“, sagte Michelle. „Du solltest dir das noch mal überlegen. Du könntest unser persönlicher Koch werden und uns auf Vanessas Konzertreisen begleiten!“

Eric sah auf die Uhr. „Leute, tut mir leid, ich muss los. War aber nett mit euch, das können wir mal wieder machen. Hast du am Freitag Zeit zum Billard, Jonne?“

„Klar, machen wir!“ Auch Jonne und die Mädchen standen nun auf. Es war eindeutig Mittagessenszeit, auch wenn sie nach dem Eis nicht mehr den ganz großen Hunger hatten.

Vor allem Jonne hatte es nun eilig, nach Hause zu kommen. Er würde sich, Koch hin oder her, eine Dose Ravioli aufmachen und dann erst mal auf sein Bett krachen. Da war wieder eine Menge, worüber er dringend in aller Ruhe nachdenken musste.

7. Kapitel

Jonne hatte damit gerechnet, dass unter den Mädchen nach der schlechten Stimmung beim Eisessen dicke Luft herrschen würde, aber da hatte er sich getäuscht. Mari, Lara, Vanessa und Michelle saßen einträchtig beisammen, als er am nächsten Morgen in die Klasse kam, und hörten sich gegenseitig die Vokabeln ab. Auch andere Schülergruppen hockten zusammen, die Nasen in die Englischbücher vergraben.

Mist! Den Vokabeltest hatte Jonne komplett vergessen! Schnell setzte er sich, schlug sein Buch auf, stützte die Ellenbogen auf den Tisch, steckte die Finger in die Ohren und las die englischen Wörter halblaut vor sich hin. Das würde reichen, um sie sich wenigstens für die nächste Viertelstunde einzuprägen, hoffte er.

Zum Glück wurden die Testblätter gleich zu Anfang der Stunde verteilt, und mehr als zehn Minuten ließ ihnen Frau Bellmann nicht, um sie auszufüllen. Jonne musste ein paar Lücken lassen, aber er war sich sicher, dass es zumindest keine Fünf werden würde. Wäre doch auch zu blöd, wenn er gleich in den ersten Wochen in der neuen Klasse als Loser dastehen würde! Für dumm wollte er nun wirklich nicht gehalten werden.

Überhaupt war das alles so eine Sache mit seinem Image. Darüber hatte er gestern Nachmittag lange nachgedacht, denn irgendwie klappte das gar nicht so richtig mit dem einsamen Wolf. Einsame Wölfe gingen nicht mit anderen Eis essen und schwatzten dabei über dies und jenes, schon gar nicht über sich selbst. Einsame Wölfe freuten sich nicht schon tagelang auf das nächste Billardspiel und warteten ungeduldig, bis ihr Freund aus der Schule kam und Zeit zum Musikmachen hatte. Einsamen Wölfen war es auch egal, was andere über sie dachten, aber Jonne merkte plötzlich, dass es ihm sehr wohl wichtig war, was zum Beispiel Vanessa und Michelle, Eric und Bastian von ihm hielten. Und dass Charly ihn in der Schule völlig ignorierte, ärgerte ihn sogar ein bisschen. Nicht viel, aber eben doch – schließlich hatten sie sich bei dem überraschenden Treffen am Wochenende eine Zeit lang ziemlich gut verstanden.

Aber phhh – wenn sie nicht wollte! Wenigstens was sie anging, würde er weiter den einsamen Wolf spielen und ihr zeigen, dass er sich für sie auch nicht interessierte. Vielleicht hatten die anderen schon recht, wenn sie nichts mit ihr zu tun haben wollten.

Doch den Vorsatz, sich überhaupt nicht mehr um Charly zu kümmern, hielt er nicht lange durch. Als er zwei Tage später etwas verspätet aus der Pause kam – er hatte noch eine Schulbescheinigung aus dem Sekretariat holen müssen –, stand Frau Bellmann mit einer Kollegin im Flur und unterhielt sich mit ihr, ohne auf den Lärm zu achten, der durch die geschlossene Tür aus dem Klassenraum drang.

Worpswede *Künstlerdorf in der Nähe von Bremen*

Otto Modersohn *bekannter Maler, der in Worpswede gelebt hat (1865 – 1943)*

„... und dann waren wir noch in Worpswede, kennst du das Museum am Modersohn-Haus? Fantastisch, sage ich dir, ein absolutes Muss ...“, schnappte Jonne im Vorbeigehen auf, bevor er an den beiden vorbei in die Klasse schlüpfte.

Da war der Teufel los! Jonne zog die Tür schnell wieder hinter sich zu und betrachtete entsetzt das wilde Treiben. Mari, Lara, Michelle, Lars und Marcel standen in den Ecken des Raumes und warfen sich kreischend alle möglichen Gegenstände zu: Schulbücher, ein Federetui, eine Brotdose. Während Jonne die Situation noch zu überblicken versuchte, segelte ein Stapel Hefte durch die Luft und landete weit verteilt zwischen den Tischen auf dem Fußboden. Fast im selben Moment krachte die Brotdose an die Tafel, öffnete sich und klein geschnittene Apfelstücke kullerten in alle Richtungen, was großes Gelächter auslöste. Einige Schüler, darunter auch Darian und Sören, von denen Jonne das gar nicht erwartet hätte, klatschten sogar Beifall.

Und mittendrin stand Charly mit hochrotem Gesicht und den Tränen nahe und versuchte verzweifelt, die Dinge einzufangen, die um sie herumflogen.

Da begriff Jonne, was hier passierte – es waren Charlys Sachen, die durch die Gegend gepfeffert wurden, und alle in der Klasse betrachteten das als einen Riesenspaß! Alle außer den vier Physikern, die so in ein Gespräch vertieft waren, dass sie gar nicht zu bemerken schienen, was sich um sie herum abspielte.

Jonne schnappte mit einer reflexartigen Bewegung nach dem Federetui, das plötzlich in hohem Bogen auf ihn zukam, begleitet von Maris schrillem Gekreische: „Hier, Jonne, fang!“

Federetui *Mäppchen für einen Füller*

Er fing es und hielt es fest, viel zu fest, wie er spürte. „Sagt mal, spinnt ihr?“, brüllte er, laut genug, um sich trotz des Radaus Gehör zu verschaffen. „Ihr habt sie doch wohl nicht mehr alle! Ihr seid ...“

In diesem Moment öffnete sich hinter ihm die Klassentür und Frau Bellmann trat ein. Sofort herrschte völlige Stille, auch Jonne beendete seinen Satz nicht; alle hasteten an ihre Plätze und saßen da so brav und regungslos, als könnten sie kein Wässerchen trüben. Fast schien es, als sei das Ganze nur ein Spuk gewesen, als sei überhaupt nichts passiert, und wären da nicht Charlys Schulsachen über den Raum verteilt gewesen und wäre Charly nicht zwischen den Tischen umhergehuscht, um sie einzusammeln, hätte Jonne glauben können, er habe sich diese Höllenszene nur eingebildet.

Frau Bellmann marschierte mit starrer Miene zum Pult, trat dabei auf ein Stück Apfel und wäre fast ausgerutscht. Irgendwo hinten im Raum kicherte jemand, ganz kurz nur, dann herrschte wieder Ruhe und alle schauten Frau Bellmann an. Die wiederum beobachtete Charly, die sich hingehockt hatte und ihre Hefte zusammenklaubte. Außer ihr rührte sich niemand.

Jonne hielt die Anspannung kaum aus. Was sollte das? Warum sagte die Bellmann nichts? Wollte sie etwa tatenlos abwarten, bis Charly fertig war, und dann zur Tagesordnung übergehen? Warum verlangte sie nicht, dass die anderen Charly halfen? – Aber nein, die Lehrerin stand einfach da und sah aus, als hätte sie überhaupt keine Idee, was sie als Nächstes tun sollte.

Da stand Jonne auf und begann, Charlys Bücher aufzuheben, die ebenso wie die Hefte zwischen den Bankreihen auf dem Fußboden gelandet waren.

Plötzlich kam Leben in Frau Bellmann. „Vielleicht können die anderen auch mal mit anfassen?“, forderte sie in eisigem Ton.

Niemand rührte sich.

Frau Bellmann sah Lara an. „Du gehst bitte einen Besen holen und fegst hier vor der Tafel!“

Bevor Lara reagieren konnte, stand Mari auf. „Ich mache das schon, Frau Bellmann“, sagte sie eifrig, flitzte aus dem Raum, kam gleich darauf mit Besen, Handfeger und Kehrblech zurück und begann umständlich, die Apfelstückchen zusammenzufegen.

Jonne nahm ihr den Besen aus der Hand. „Ich mache das! Setz dich ruhig wieder hin, Schleimerin!“

„Jonne!“, fuhr Frau Bellmann ihn an. „Was soll das denn? Mari war doch nur hilfsbereit!“

Jonne sah seine Lehrerin ungläubig an. „Hilfsbereit? Die? Die hat doch garantiert mit allem ange...“ Er verstummte mitten im Wort, als er Charlys Blick auffing. Einen bösen und gleichzeitig erschrockenen, ängstlichen Blick, der zu sagen schien: *Bitte sag nichts, bitte halt einfach die Klappe!* Und Jonne hielt die Klappe, aber richtig fand er das nicht. Schweigend fegte er die Apfelstückchen zusammen, während Charly ihre restlichen Sachen zusammensuchte und hastig in ihren Rucksack stopfte, wobei die Hefte noch ein paar Eselsohren mehr abbekamen, als sie nach der Behandlung durch die Mitschüler ohnehin schon erhalten hatten.

In Jonne kochte es, als er das sah, aber er riss sich zusammen und schwieg. Allerdings rammte er, als er schließlich fertig war, den Besen ziemlich unsanft in die Ecke und klapperte lauter als nötig mit dem Kehrblech. Frau Bellmanns strafende Blicke beachtete er gar nicht.

Als die letzten Spuren der Unordnung beseitigt waren und Jonne sich gesetzt hatte, herrschte immer noch angespanntes Schweigen in der Klasse. „So, Freunde“, Frau Bellmann hatte die Arme vor der Brust verschränkt und musterte ihre Schüler mit Widerwillen, „ihr schlagt jetzt eure Erdkundebücher auf. Auf Seite 138 findet ihr eine Anleitung zum Zeichnen von Klimadiagrammen. Lest sie euch durch und dann werden die Aufgaben drei und vier bearbeitet. Ihr habt zwei Stunden Zeit, dann sammle ich die Ergebnisse ein.“

Niemand wagte es aufzumucken. Als allerdings die Ersten die Aufgaben gelesen und festgestellt hatten, dass sie vier verschiedene Klimadiagramme zeichnen und auswerten mussten, setzte doch ein unterdrücktes Protestgemurmel ein, das Frau Bellmann jedoch schnell unterband: „Benehmt euch in Zukunft gefälligst anständig, dann bin ich auch gern bereit, in anderer Form mit euch zu arbeiten.“ Mehr sagte sie nicht, die ganzen zwei Stunden lang nicht.

Als Frau Bellmann nach Unterrichtsschluss, die Schülerarbeiten unter dem Arm, aus dem Klassenzimmer gerauscht war, stürzte Mari auf Jonne zu. „Sag mal, bist du total bekloppt? Was sollte das denn vorhin?“

Lara stand schon hinter ihr und funkelte Jonne an. „Wer ist denn hier wohl der Oberschleimer, du Pfeife? Du wolltest Mari verpetzen, stimmt’s?“

„Na ja …“, Mari klang zu Jonnes Überraschung plötzlich ganz friedfertig, „er hat’s am Ende ja doch nicht getan.“

„Nö, weil er im letzten Moment Schiss gekriegt hat, dass das für seine geliebte Charly-Schlampe nach hinten losgeht!“, giftete Lara. „Pass bloß auf, du Arschloch, sonst bist du auch noch dran!“

Mari fasste Lara am Arm und zog sie weg. „Ey, nun mach mal halblang“, raunte sie. „Der Ton ist ja wohl wirklich ein bisschen unter deiner Würde, oder?“

„Wenn dir so viel an Würde liegt“, sagte Jonne schneidend, „dann sorg endlich dafür, dass Charly in Ruhe gelassen wird. Was ihr da macht, hat mit Würde ja wohl überhaupt nichts mehr zu tun!“

Die beiden Mädchen fuhren herum und mit Maris Friedfertigkeit war es schlagartig wieder vorbei. „Halt du dich da raus!“, zischte sie. „Das geht dich alles gar nichts an, klar?“

„Genau!“, setzte Lara hinzu. „Und ich rate dir, das endlich zu kapieren, sonst wirst du hier nicht mehr viel Freude haben!“

Jonne warf den Kopf zurück und blickte die beiden von oben herab an. Gut, dass er mindestens einen halben Kopf größer war als sie! „Soll das ’ne Drohung sein?“

„Nur eine Warnung“, sagte Mari. „Denk mal drüber nach.“

„Na, ich glaube, das solltet vor allem ihr mal tun – nachdenken!“ Und damit verließ Jonne hoch erhobenen Hauptes den Klassenraum.

Guter Abgang, dachte er zufrieden. Absolut eines einsamen Wolfes würdig!

8. Kapitel

Wer sich offensichtlich Gedanken gemacht hatte, war Frau Bellmann. Sie überraschte die Klasse am nächsten Tag mit einer etwas ausgefallenen Idee, die nicht auf große Begeisterung stieß. „Ich möchte die Gruppen hier mal etwas mischen“, verkündete sie, ohne allerdings auf den Vorfall vom Vortag einzugehen. „Ihr werdet in Vierergruppen, die wir auslosen werden, Referate über jeweils ein afrikanisches Land ausarbeiten. Die Lose habe ich vorbereitet, und wenn ihr wisst, welches Land ihr zugeteilt bekommen habt, könnt ihr euch bei mir die entsprechenden Aufgabenblätter abholen.“

Michelle meldete sich. „Aber wenn wir dann in einer Gruppe mit Leuten landen, mit denen wir uns gar nicht verstehen?“

„Genau das ist der Sinn der Sache“, erklärte Frau Bellmann. „Wenn ihr zusammenarbeitet, werdet ihr lernen, auch mit anderen als euren besten Freunden zurechtzukommen, und ich hoffe, dass das dazu führt, dass diese ständigen Streitereien ein Ende finden und ihr mehr Toleranz füreinander aufbringt. Also, zieht euer Los und dann sucht eure Mitstreiter. Ich gebe euch zwanzig Minuten Zeit, euch zusammenzusetzen und zu planen, wie ihr die Arbeit angehen wollt. In vierzehn Tagen müsst ihr sie beendet haben, dann losen wir aus, in welcher Reihenfolge die Referate gehalten werden.“ Sie schüttete klein zusammengefaltete Lose aus einem Briefumschlag in ein Plastikkörbchen und ging damit durch die Bankreihen.

Südafrika, stand auf Jonnes Zettel. Klasse! Da war vor gar nicht allzu langer Zeit die Fußballweltmeisterschaft gewesen und sein Vater und er hatten jede Menge Fernsehberichte über das Land gesehen. Besonders interessant hatte Jonne die Diamantengewinnung gefunden. Allerdings hatte er so auch erfahren, dass es sehr viele Probleme mit der Kriminalität in Südafrika gab. Auf jeden Fall ein spannendes Thema.

Mann, da hatte er ja richtig Glück gehabt mit seinem Los! Nun musste er nur noch sehen, wer sonst in seiner Gruppe gelandet war.

Da hörte er auch schon Vanessa, die ihr Los durch die Luft schwenkte, rufen: „Südafrika! Wer hat noch Südafrika?"

„Ich!", riefen Eric und Tim, einer der Physiker, gleichzeitig.

„Und ich", sagte Jonne und ging zu Vanessa hinüber. Super, dachte er, da hatte er wirklich mehr als Glück gehabt und nicht nur ein gutes Land erwischt, sondern auch noch eine nette Gruppe!

Plötzlich kreischte Mari los. „Also, das geht ja nun gar nicht! Ich soll mit dieser Schlam...? Im letzten Moment besann sie sich. „Ehrlich, Frau Bellmann, das geht einfach nicht! Ich bin mit Charly in einer Gruppe!"

Jonne sah, wie Charly erbleichte und sich schnell wieder an ihren Platz zurückzog, das Gesicht hinter den Haaren versteckt, die Schultern schützend zusammengezogen.

„Nun, dann werdet ihr zwei euch eben arrangieren müssen“, sagte Frau Bellmann kühl. „Es wird ja langsam mal Zeit!“

„Nein, das mache ich nicht!“ Mari hatte sich auf einmal überhaupt nicht mehr im Griff. Ihre übertriebene höfliche Art, mit der sie sonst immer Lehrern gegenüber auftrat, war plötzlich wie weggefegt. „Das können Sie nicht verlangen, dass ich mit der ... der ... mit *der* zusammenarbeite! Das klappt nie im Leben und wegen der Kuh kriege ich dann eine schlechte Zensur und ...“

„Marianne Salberg“, donnerte Frau Bellmann in einer Lautstärke, die Jonne bei ihr noch nie vernommen hatte. „Sofort entschuldigst du dich bei Charly oder ich spreche heute noch mit deinen Eltern! Dein Verhalten ist wirklich unerträglich! Und du wirst mit Charly zusammenarbeiten, da beißt die Maus keinen Faden ab!“

„Das werde ich nicht!“, gab Mari zurück. „Und meine Eltern können Sie gerne anrufen, die werden Ihnen das Gleiche sagen. Die wissen genau, was Charly für eine Schl... für ein Mädchen ist!“

„Wahrscheinlich, weil du es ihnen so erzählt hast“, entgegnete Jonne aufgebracht, schnappte Mari ihr Los aus der Hand und warf einen Blick darauf. *Ägypten*, stand auf dem Zettel. Auch gut. Die Pharaonen und Pyramiden hatten ihn schon immer fasziniert. Aber es wäre ihm auch egal gewesen, wenn Burundi auf dem Los gestanden hätte, ein Land, von dem Jonne nicht mehr wusste, als dass es existierte. „Komm Mari, wir tauschen!“

„Aber …", setzte Frau Bellmann an, doch Jonne unterbrach sie.

„Ehrlich, Frau Bellmann, das ist wirklich besser so, wenn wir alle unsere Ruhe haben wollen."

„Na gut, vielleicht hast du recht, Jonne", sagte Frau Bellmann nach einem Augenblick des Nachdenkens. „Ich danke dir, du bist sehr vernünftig." Sie sah ziemlich erleichtert aus, aber Jonne fand, das Lob hätte sie sich sparen können. Mit solchen Sprüchen machte sie ihm das Leben in der Klasse nicht gerade leichter.

Also nickte er nur und wandte sich ab, um sich auf die Suche nach seiner neuen Gruppe zu machen. Wie sich herausstellte, gehörten Sören und der kleine Marcel dazu, nicht gerade die Traumpartner, schon gar nicht für Charly, schließlich waren sie mit Mari befreundet. Aber er würde sie schon in Schach halten, wenn es nötig wurde, im Grunde waren sie nämlich ziemliche Schwächlinge. Und – das musste man ihnen immerhin zugutehalten – sie ärgerten Charly nie von sich aus, sie waren eher so eine Art Mitläufer, wenn Mari in Aktion trat.

Jonne holte die Aufgabenblätter von Frau Bellmann und bat Charly, sich zu ihnen zu gesellen. Nachdem sie sich die Aufgaben durchgelesen hatten, sagte er: „Ich schlage vor, wir treffen uns heute Nachmittag in der Bücherei und gucken mal, was es zu den Themen so gibt."

Sören nickte. „Gute Idee! Ich würde, wenn es euch recht ist, unheimlich gern den Erdkunde-Teil übernehmen, die Karte zeichnen und so."

Marcel grinste. „Dann musst du aber auch das blöde Klimadiagramm erstellen, das gehört auch dazu!“

Sören zuckte mit den Schultern. „Kein Problem, das mach ich mit links!“

„Lieber nicht“, scherzte Jonne. „Vergiss nicht, wir kriegen eine Gruppennote, da sollte jeder seinen Teil schon ordentlich machen.“

„Mann, das war ’n Joke!“ Sören boxte Jonne freundschaftlich in die Seite. „Mach dir mal keine Sorgen, ich kann so was echt ganz gut!“

„Na dann!“ Jonne sah Marcel an. „Weißt du auch schon, welchen Teil du übernehmen willst?“

Marcel zögerte. „Die Aufgaben zum Tourismus? Meine Eltern und ich waren vor einem Jahr am Roten Meer und wir haben auch eine Fahrt auf dem Nil gemacht. Aber wenn ihr das lieber machen wollt ... Ich will keinem was wegnehmen“, fügte er unsicher hinzu.

„Charly?“, fragte Jonne.

Charly schüttelte den Kopf, ohne einen der Jungen anzublicken. „Nee, ist schon okay.“

„Gut, dann übernehmen Charly und ich den Geschichtsteil, das ist der größte Brocken, das kann nicht einer allein machen“, sagte Jonne. Mit dieser Aufgabenverteilung war er sehr zufrieden. Reibungsloser hätte es gar nicht laufen können.

„Dann brauchen wir uns doch eigentlich gar nicht in der Bücherei zu treffen“, meinte Sören. „Wenn jeder seinen eigenen Teil hat. Ich wollte sowieso vor allem im Internet recherchieren.“

„Ich fände ein Treffen schon wichtig“, sagte Jonne. „Wir sollten ruhig erst mal alle zusammen gucken, was es so gibt. Zu viert entdecken wir bestimmt mehr als einer allein. Und wir sollten uns auch zwischendurch immer mal wieder zusammensetzen und uns gegenseitig zeigen, was wir schon gemacht haben. Bestimmt können wir einander dann noch ein paar Tipps geben, oder nicht?“

„Klingt vernünftig“, räumte Sören ein. „Wir müssen ja auch zusehen, dass wir alle ungefähr gleich viel haben, sonst wirkt das komisch.“

„Okay, wann treffen wir uns?“, fragte Marcel.

„Um halb vier?“, schlug Jonne vor. „Kannst du da auch, Charly?“

Charly nickte. „Ich habe auch ein paar Bücher über das alte Ägypten zu Hause“, sagte sie dann schüchtern. „Die kann ich ja mitbringen und dir zeigen.“

„Lass mal, die sind doch sicher sehr schwer“, sagte Jonne. „Ich komme lieber mal bei dir vorbei und dann gucken wir sie uns an, das ist doch viel einfacher.“

Charly sah ihn erschrocken an und Jonne hatte das Gefühl, schon wieder etwas Falsches zu ihr gesagt zu haben. Offensichtlich war ihr der Gedanke, dass er sie besuchen kommen könnte, gar nicht recht. Oje, die war aber auch kompliziert, diese Charly! Oder hatte sie zu Hause etwa etwas zu verbergen?

In der großen Pause fing Mari Jonne auf dem Schulhof ab. Zu Jonnes Verwunderung war diesmal von Lara oder den anderen Schülern aus Maris Gefolge weit und breit nichts zu sehen. „Du, Jonne, ich wollte mich bei dir bedanken, dass du das Los mit mir getauscht hast. Das war echt total süß von dir! Wenn du dich ab jetzt von Charly fernhältst, gebe ich dir noch eine Chance."

Jonne sah Mari kühl an. „Ich hab's nicht getan, um dir einen Gefallen zu tun, du brauchst dich nicht zu bedanken. Hör lieber auf, Charly zu ärgern, das wäre mal 'ne gute Maßnahme!"

Maris Gesicht verfinsterte sich. Von dem freundlichen Lächeln, mit dem sie sich Jonne genähert hatte, war nichts mehr übrig. „Ha, ha, Jonne Fintan, der große Retter!", sagte sie höhnisch. „Aber mach nur, du wirst schon sehen, was du davon hast! Wenn du jetzt mit ihr arbeitest und sie ein bisschen kennenlernst, wirst sogar du irgendwann kapieren, dass man mit der nicht klarkommen kann. Die ist doch bloß ein hässliches, dummes Kind!" Damit machte Mari auf dem Absatz kehrt und stakste davon.

„Und du bist ein gehässiges, dummes Kind", murmelte Jonne hinter ihr her, jedoch so leise, dass sie es nicht mehr hören konnte. Auf weiteren Streit hatte er jetzt wirklich keine Lust mehr. Was brachte es auch?

Lieber machte er sich auf die Suche nach Eric, den er natürlich am Billardtisch entdeckte.

„Du kommst gerade richtig", sagte Eric und drückte ihm ein Queue in die Hand. „Komm, zehn Minuten haben wir noch!"

Billard war großartig, fand Jonne. Man brauchte nicht zu reden und man musste sich so konzentrieren, dass für andere Gedanken einfach kein Platz mehr blieb. Sehr erholsam!

Der Rest des Vormittags verlief zum Glück ohne weiteren Stress. Mari und ihre Freundinnen machten einen großen Bogen um Charly und ließen sie in Ruhe. Anscheinend hatte Frau Bellmanns Drohung, sich mit Maris Eltern in Verbindung zu setzen, gewirkt. Allerdings hatte Jonne auch beobachtet, dass Mari nach der Pause ein längeres Gespräch mit Frau Bellmann geführt hatte, und danach hatte sie sehr erleichtert ausgesehen.

Jonne konnte sich vorstellen, was Mari der Lehrerin erzählt hatte und dass sie sich bestimmt überschwänglich entschuldigt und versprochen hatte, dass so etwas nie, nie wieder vorkommen werde. Wenn es mal so wäre! Glauben würde Jonne das erst, wenn er es sah.

Immerhin herrschte erst einmal Frieden und der Nachmittag in der Bücherei verlief ganz entspannt. Sören und Marcel waren fast schon übertrieben höflich zu Charly, wie Jonne grinsend feststellte, und Charly taute ein bisschen auf, strich sich den langen Pony aus dem Gesicht und zeigte Sören schließlich sogar ein Buch mit Landschaftsbildern, die man wunderbar abzeichnen konnte.

Als sie nach einer Stunde die Bücherei verließen, hatte jeder von ihnen einen Stapel Bücher unter dem Arm, und sie verabredeten, sich in der nächsten Woche zu treffen und einander zu zeigen, was sie bis dahin geschafft hatten.

„Und wir zwei?“, fragte Jonne, nachdem Sören und Marcel sich schon verabschiedet hatten. „Wollen wir uns morgen mal zusammensetzen?“

Charly überlegte. „Okay, ja, morgen geht.“

„Gut, dann komme ich zu dir, dann kannst du mir auch deine Bücher zeigen.“

„Nein“, sagte Charly schnell, „ich komme besser zu dir. Die Bücher sind nicht so schwer, ich kann sie mitbringen. Passt dir vier Uhr?“

„Klar!“ Jonne gab ihr seine Adresse und dann trennten sie sich. Charly musste noch eine Besorgung für ihre Mutter machen.

Jonne blickte ihr nach, als sie davonradelte. Warum bloß wollte sie nicht, dass er sie besuchte? Dann fiel ihm ein, dass er nicht einmal wusste, wo sie wohnte. Aber das letzte Rattenloch konnte es doch wohl kaum sein, wenn ihre Eltern genug Geld hatten, ihr ein Pony zu kaufen, oder?

9. Kapitel

Als Jonne am nächsten Tag nach dem Mittagessen sein Mathebuch aufschlug, um die Hausaufgaben zu machen, fiel ihm ein Zettel entgegen:

Jonne, du blödes Schwein,
halt dich von der dreckigen
Schlampenschlunze fern,
oder wir machen dich auch fertig!

Der Text war in Druckbuchstaben geschrieben, ohne Unterschrift. Die war auch nicht nötig, es war Jonne vollkommen klar, dass nur Mari oder Lara dahinterstecken konnten, vielleicht hatten sie das auch beide zusammen ausgeheckt.

Die waren wirklich nicht mehr normal, die beiden, dachte Jonne und betrachtete kopfschüttelnd den Zettel. Was hatten sie bloß? Er hatte heute in der Schule den ganzen Vormittag über kein Wort mit Charly gewechselt, denn in den großen Pausen hatte sie sich wie üblich irgendwohin verdrückt, wo niemand sie fand, und in den Fünf-Minuten-Pausen war sie an ihrem Platz sitzen geblieben und hatte die Nase in irgendein Buch gesteckt, wie immer in dieser Rühr-mich-nicht-an-Haltung, Haare vor dem Gesicht, Rücken gekrümmt.

Aber Jonne konnte sich gut vorstellen, dass die beiden Mädchen Sören und Marcel über den gestrigen Nachmittag ausgequetscht und erfahren hatten, dass Charly und er allein zurückgeblieben waren, nachdem die beiden Jungen sich verabschiedet hatten. Was die sich wohl ausmalten, was dann passiert war? Oh Mann!

Jonne zerriss den Zettel in winzig kleine Stücke und spülte sie in der Toilette hinunter. So einen Dreck wollte er nicht mal in seinem Papierkorb haben!

Er beschloss, Charly auf keinen Fall etwas davon zu erzählen und auch sonst nichts zu unternehmen, sondern erst einmal abzuwarten. Wahrscheinlich war das alles nur heiße Luft und es würde gar nichts weiter passieren. Und wenn doch, dann würde er sich schon etwas einfallen lassen. Ihn würden diese albernen Gänse nicht zum Opfer machen, das schwor er sich! Da würde sie eher der Wolf fressen, ha ha!

Um halb vier klingelte das Telefon. Es war Charly. „Jonne, ich kann nicht kommen, ich muss auf meinen kleinen Bruder aufpassen, meine Mutter muss mit den Zwillingen zum Arzt, sie sind total erkältet. Können wir uns morgen treffen?“

„Nee, da kann ich leider nicht, ich bin schon verabredet“, sagte Jonne. Morgen war Freitag, Bastians einziger freier Nachmittag in der Woche, und die beiden wollten eine Radtour durch den Freihafen machen. „Aber weißt du was, dann komme ich jetzt zu dir. Deinen kleinen Bruder werden wir schon irgendwie beschäftigen. Wir müssen unbedingt vorm Wochenende anfangen, Charly, sonst schaffen wir das nicht!“

Am anderen Ende der Leitung herrschte Schweigen, so lange, dass Jonne sich schon fragte, ob Charly überhaupt noch am Apparat war. „Na gut“, sagte sie dann schließlich und gab ihm ihre Adresse. Sie wohnte nur zwei Straßen von Jonne entfernt.

Zehn Minuten später klingelte Jonne an einer imposanten Wohnungstür in einem der typischen alten Hamburger Bürgerhäuser, das ähnlich gebaut war wie das, in dem sein Vater und er wohnten. Hier allerdings schien alles noch etwas hochherrschaftlicher zu sein, die Räume noch größer, die Decken noch etwas höher und reicher mit Stuck verziert – von einem Rattenloch konnte keineswegs die Rede sein, im Gegenteil. Die Einrichtung, eine Mischung aus sehr alten und ganz modernen Möbeln, war ausgesprochen nobel, und Jonne fühlte sich fast ein wenig eingeschüchtert, als Charly ihn durch die beiden durch eine breite Schiebetür getrennten Wohnzimmer in einen Wintergarten führte. Hier hatte sie auf einem Couchtisch die Ägyptenbücher ausgebreitet, die aus der Bücherei und ihre eigenen. Daneben standen zwei Keramikbecher und eine Teekanne.

An einem kleinen Sekretär, der an der Wand stand, saß ein etwa sechsjähriger Junge und malte.

Sekretär *hier: Möbelstück mit ausziehbarer Schreibplatte*

„Das ist mein Bruder Lukas“, sagte Charly.

Jonne trat zu ihm. „Was malst du denn da?“, fragte er.

„Einen Unfall“, erklärte Lukas eifrig. „Guck hier, der Sportwagen ist genau in den Sattelschlepper reingebrettert und dann ist der Lieferwagen da draufgeknallt und hat sich so hochgestellt und jetzt kommt noch ein Postauto.“ Er griff nach dem Gelbstift.

„Wow! Fehlt eigentlich nur noch ein Sportflugzeug, das genau über der Unfallstelle abstürzt“, meinte Jonne.

Lukas sah mit einem breiten Lächeln zu ihm auf. „Super Idee! Oder ...“, er überlegte einen Moment, „das Flugzeug könnte auch erst noch in der Luft mit einem Hubschrauber zusammenstoßen und dann krachen beide auf den Unfall runter! Wäre doch auch gut, oder?“

„Das wäre geradezu genial“, sagte Jonne. „Und wenn du das alles gemalt hast, kleben wir rechts und links noch ein Blatt dran und dann können von allen Seiten Polizeiautos und Feuerwehr und Krankenwagen angebraust kommen.“

Lukas strahlte. „Auja! Das Bild schenk ich Mami, die freut sich bestimmt riesig darüber!“

„Ganz bestimmt“, bestätigte Jonne. „Mütter sind völlig wild auf solche Bilder!“

Charly gab sich Mühe, nicht zu lachen. Sie blickte Jonne anerkennend an. „Du hast wirklich super Ideen“, sagte sie. „Jetzt ist Lukas erst einmal eine Weile gut beschäftigt und wir haben unsere Ruhe. Möchtest du einen Tee?“

„Gern.“ Jonne setzte sich. „Wie alt sind denn deine anderen Geschwister?“

„Die Zwillinge? Sie werden im Sommer zwei und zurzeit ist es total stressig mit ihnen. In diesem Winter haben sie immerzu gekränkelt und jetzt haben sie schon wieder eine Erkältung. Meine Mutter ist ganz schön fertig. Lukas ist in der ersten Klasse, um ihn muss sie sich ja auch noch unheimlich viel kümmern."

„Und?" Jonne wandte sich zu Lukas um. „Gehst du gern zur Schule?"

Lukas nickte, ohne von seinem Bild aufzublicken. „Ich finde es schön da", sagte er.

„Na, wenigstens einer", meinte Jonne und grinste Charly schief an.

Sie nickte und legte den Finger auf die Lippen. „Erzähl meiner Mutter bloß nichts, die hat im Moment wirklich schon genug Sorgen."

„Wie? Heißt das, du hast deinen Eltern gar nicht erzählt, was ..."

Charly unterbrach ihn mit einem Kopfschütteln und einem bedeutungsvollen Seitenblick auf ihren kleinen Bruder. „Komm, lass uns mal anfangen", schlug sie dann vor und drückte Jonne einen dicken Bildband über die Pharaonen in die Hand. „Guck dir den mal an! Ich habe ihn letztes Jahr zu Weihnachten bekommen."

Eine ganze Zeit lang arbeiteten sie sehr konzentriert, blätterten in den verschiedenen Büchern und konnten sich nur schwer entscheiden, welchen Pharao und welche Pyramide sie in ihrem Referat genauer beschreiben wollten. Nur einmal wurden sie von Lukas unterbrochen, als er Hilfe dabei brauchte, sein Bild nach beiden Seiten zu erweitern, dann war er schnell wieder in seine Malerei vertieft.

Nach anderthalb Stunden kam Charlys Mutter mit den Zwillingen nach Hause, die Jonne allerdings gar nicht zu sehen kriegte, weil sie die beiden gleich ins Kinderzimmer brachte, bevor sie in den Wintergarten kam. „Magst du hier mit zu Abend essen?“, fragte sie Jonne, nachdem sie ihn begrüßt hatte. „Charly bringt so selten Schulfreunde mit nach Hause, wir würden uns freuen, wenn du noch bleibst.“

Jonne überlegte einen Moment lang. Eigentlich wäre er gern geblieben, um Charlys Familie näher kennenzulernen. Und er hätte einfach auch gern noch mehr Zeit mit Charly verbracht, die hier, in ihrer eigenen Umgebung, einen viel gelösteren Eindruck machte. Aber ihre Mutter sah wirklich fertig aus, blass und müde, bestimmt war sie insgeheim doch froh, wenn sie nicht auch noch einen Gast zum Abendessen hatte. „Das geht leider nicht, mein Vater wartet schon auf mich“, sagte Jonne also. „Aber danke für die Einladung, vielleicht passt es ja ein andermal.“

Charlys Mutter lächelte, ein sehr warmes, herzliches Lächeln, fand Jonne. „Wir würden uns wirklich freuen“, sagte sie. Dann wandte sie sich an Charly: „Wenn ich es recht bedenke, ist es wirklich eine Ewigkeit her, dass du Besuch von deinen Klassenkameraden hattest. Was ist denn eigentlich mit Mari? Oder Michelle und Vanessa? Die habe ich, glaube ich, seit Monaten nicht mehr gesehen. Habt ihr euch verkracht?“

„Nö“, murmelte Charly und beschäftigte sich damit, die Bücher zusammenzuräumen, sodass sie weder ihre Mutter noch Jonne ansehen musste, „alles paletti. Aber Mari hat jetzt eine andere Freundin.“

„Ach Gott, das hast du mir ja gar nicht erzählt!" Ihre Mutter sah sie besorgt an.

„Ist auch nicht so wichtig", sagte Charly und bückte sich tief unter den Tisch, um ein Blatt Papier aufzuheben, das hinuntergefallen war. Man hätte meinen können, ihr Kopf sei nur vom Bücken so rot angelaufen, als sie sich wieder aufrichtete.

Jonne fand es an der Zeit, ihr zu Hilfe zu kommen, bevor ihre Mutter noch weitere Fragen stellte. „Wann wollen wir uns denn wieder treffen? Kannst du am Montag?"

Charly sah ihre Mutter an. „Brauchst du mich da als Babysitter?"

„Nein, Montag passt gut. Wenn ihr wollt, kann Jonne gleich nach der Schule mitkommen und ihr könnt hier gemeinsam Mittag essen."

Charly schien diese Idee nicht besonders gut zu finden. „Ach, Mami, mit den Kleinen? Da kann man sich doch immer gar nicht richtig unterhalten."

„Wir könnten auch nach der Schule zusammen bei mir kochen", schlug Jonne vor. „Ich bin sowieso allein, weil mein Vater bis abends arbeitet, und ich kann das ziemlich gut." Er grinste Charlys Mutter an. „Ich würde Ihrer Tochter keinen Dosenfraß vorsetzen!"

„Also gut, von mir aus macht das so. Allerdings möchte ich deinen Vater vorher noch anrufen und hören, ob ihm das auch recht ist. Schließlich kennen wir uns noch gar nicht."

Charly verdrehte die Augen. „Mama! Wir sind doch keine Babys mehr!"

Jonne grinste wieder. „Das finde ich eigentlich auch, aber rufen Sie ruhig an. Wenn Sie es nicht tun, würde mein Vater sich bei Ihnen melden, der sieht das nämlich genauso wie Sie."

„Das klingt schon mal gut", meinte Charlys Mutter und dann wandte sie sich Lukas zu, der schon die ganze Zeit ungeduldig an ihrem Ärmel zupfte, um ihr endlich sein Meisterwerk zu zeigen, das kurz vor der Vollendung stand.

Jonne verabschiedete sich schnell, bevor er sich noch einmal den ganzen tragischen Unfallhergang anhören musste, der, wie er aus dem Augenwinkel gesehen hatte, noch einiges an Dramatik zugelegt hatte, denn nun flogen auch noch einige Motorradfahrer durch die Luft. Lukas' Mutter würde begeistert sein über die Fantasie ihres Sohnes!

„Ich war heute bei Charly zu Hause", sagte Jonne, als sein Vater und er am Küchentisch saßen und Gemüse schnippelten, das sie im Wok braten wollten.

„Und? Wie war's?" Sein Vater blickte kurz auf. Jonne hatte ihm inzwischen erzählt, dass es Charly war, die sie bei Tante Betty und Onkel Klaus angetroffen hatten. Er hatte mit seinem Vater auch darüber gesprochen, dass Charly anscheinend auf keinen Fall wollte, dass er sie besuchen käme, und er sich deswegen gefragt hatte, ob bei ihr zu Hause irgendetwas nicht in Ordnung sei.

„Total normal alles. Die scheinen 'ne Menge Kohle zu haben, sind superchic eingerichtet, mit Antiquitäten und richtig geilen Designermöbeln, alles nur vom Feinsten. Und ihre Mutter ist total nett. Sie ruft dich übrigens die nächsten Tage an, weil Charly und ich am Montagmittag hier zusammen kochen wollen, da müsst ihr Alten ja wohl vorher Kontakt aufnehmen, was?“ Er schaute seinen Vater von der Seite an. „Kommt mir zwar ein bisschen vor wie bei einer türkischen Hochzeit, aber ich weiß ja ...“

Sein Vater schmunzelte. „Mit sechzehn lasse ich dich von der Kette, wenn du bis dahin keinen Blödsinn anstellst, aber so lange will ich schon noch wissen, mit wem du dich triffst.“

„Dann solltest du dir lieber die Kinder angucken und nicht die Eltern“, meinte Jonne. „Was haben wir da neulich gerade über diesen Sprayer gelesen? Seine Eltern waren beide Ärzte! Und der Vater von Mari, weißt du, der Obermobberin in unserer Klasse, ist übrigens auch Arzt!“

Sein Vater legte das Messer beiseite und blickte Jonne nachdenklich an. „Vielleicht hast du recht. Was macht denn Charlys Vater?“

„Der hat ein Ingenieurbüro, die erstellen Umweltgutachten und so. Und ihre Mutter ist Architektin, aber im Moment arbeitet sie nur halbtags.“

„Das klingt doch alles sehr solide. Trotzdem, deine Idee ist gar nicht so schlecht. Ich werde mir diese Charly wirklich mal angucken, sie interessiert mich, und als wir bei Betty und Klaus waren, habe ich ja nicht viel von ihr gesehen. Also, weißt du was? Ich werde am Montagmittag einfach mal nach Hause kommen und euch bekochen!“

Jetzt war es Jonne, der die Augen verdrehte. „Och, Papa, muss das sein?“

„Ja, mein Lieber. Das lasse ich mir nicht entgehen, nachdem du so viel von Charly erzählt hast! Und nach dem Essen verschwinde ich auch sofort wieder, versprochen!“

„Dann mach uns wenigstens deine mexikanische Gemüsepfanne, die mit den Fleischbällchen!“ Jonne wusste, wann er geschlagen war. Aber er wusste auch, wie viel Verhandlungsspielraum es in so einem Fall noch gab.

Als Jonne abends im Bett lag, fiel ihm der Zettel wieder ein, den er in seinem Mathebuch gefunden hatte. Und plötzlich überkam ihn eine große Wut. Was bildeten diese Weiber sich eigentlich ein, so mit ihm umzuspringen? Wollten sie ihm etwa vorschreiben, mit wem er seine Zeit verbrachte? Oder wollten sie ihn gar zum nächsten Opfer machen?

Oh nein! Das würden sie nicht tun! Nicht mit ihm! Das sollten sie nur versuchen; er würde ihnen schon zeigen, dass er sich von ihnen nicht einschüchtern ließ! Gleich morgen würde er es ihnen zeigen! Morgen würde Jonne ein Zeichen setzen!

10. Kapitel

Jonne achtete am nächsten Tag darauf, möglichst spät in die Klasse zu kommen. Es war wichtig, dass sie schon da waren: Mari und Lara, Michelle und Vanessa, Lars und Marcel, Sören und Darian – und natürlich Charly.

Und er hatte Glück. Es waren nicht nur alle, auf die es ihm ankam, bereits anwesend, sondern es herrschte auch relative Ruhe im Klassenraum. Einige Schüler warfen noch einmal einen Blick in ihre Englischbücher, Mari schrieb noch schnell die Bio-Hausaufgaben ab, während Lars wie ein Lakai neben ihr stand und vor Stolz noch aufgeplusterter wirkte als sonst, weil sie sich dazu herabließ, seine Dienste in Anspruch zu nehmen. Michelle und Vanessa unterhielten sich leise, die vier Physiker hockten zusammen über einem Blatt Papier und waren in eine ihrer Diskussionen vertieft.

Jonne brauchte also nicht einmal besonders laut zu sprechen, als er vor Charlys Tisch stehen blieb und einen Schlüsselanhänger mit einem kleinen Plüschpferd vor sie hinlegte. Er hatte es vor Monaten gekauft, um es Tante Betty zu Weihnachten zu schenken, aber dann hatten sie sich gar nicht gesehen und er hatte ihr das Geschenk nicht überreichen können und es schließlich vollkommen vergessen. Erst gestern Abend war ihm wieder eingefallen, dass er es immer noch hatte. „Hier, Charly, ich habe dir etwas mitgebracht", sagte er und bemerkte, dass alle in der Klasse zu ihm herüberstarrten und auch das leiseste

Gespräch verstummte. Sogar die Physiker bekamen ausnahmsweise einmal mit, dass etwas Ungewöhnliches geschah, und hielten inne. „Ein kleines Dankeschön, weil es gestern so nett war mit dir", fügte Jonne für jedermann hörbar hinzu und schenkte Charly sein charmantestes Lächeln.

Die sah das nicht einmal, denn sie wagte es nicht aufzuschauen. Schnell griff sie nach dem kleinen Plüschpferd und ließ es in ihrer Hand verschwinden. „Danke", sagte sie so leise, dass sogar Jonne es kaum hörte, und er sah, soweit man hinter den Haaren überhaupt etwas von ihrem Gesicht erkennen konnte, dass sie dunkelrot angelaufen war.

Das tat ihm zwar ein bisschen leid und er hatte auch fast mit einer solchen Reaktion gerechnet, aber darauf konnte er jetzt keine Rücksicht nehmen. Viel wichtiger war, den anderen zu zeigen, dass er sich seine Freunde selber aussuchte und zu ihnen stand. Dass man ihn nicht unter Druck setzen und beeinflussen konnte. Dass er tat, was er wollte, egal, was die anderen über ihn dachten.

Während er zu seinem Platz hinüberging, prusteten Mari und Lara plötzlich los.

„Hä, hä, Charly-Schlampe hat einen Verehrer! Wer hätte das gedacht!", kreischte Mari. „Hast du sie auch schon geküsst, Jonne? Dann stinkst du jetzt genauso!"

„Da sieht man mal, was dabei herauskommt, wenn man sich mit Dreckschlunzen wie der einlässt!", rief Lara gehässig. „Blödheit färbt ab, und zwar schneller, als man denkt!"

„Na toll“, meinte Lars mit einem beifallheischenden Seitenblick zu Mari, „jetzt haben wir schon zwei Stinktiere in der Klasse!“

Mari lachte schrill auf. „Ihr solltet zusehen, dass ihr einen Platz im Zoo bekommt! Am besten bei den Warzenschweinen, da passt ihr hin!“

Jonne, der neben seinem Platz stehen geblieben war, sah sie nur an, ganz ruhig, so lange, bis sie verlegen wegblickte. Das musste im Moment reichen, denn sagen wollte er jetzt nichts, er war sich nicht sicher, ob ihm dann nicht eine Gemeinheit herausrutschen würde, so wütend war er. Doch in diesem Augenblick kam zum Glück Frau Bellmann in die Klasse und es herrschte erst einmal Ruhe.

In der kleinen Pause mussten sie in den Biologieraum wechseln. Jonne packte noch seine Sachen zusammen, als Mari an seinem Tisch vorbeikam. „Na, Warzenschwein“, zischte sie leise, dann war sie auch schon verschwunden.

Jonne war nicht entgangen, dass Lara den Weg an Charlys Platz vorbeigenommen und ihr ebenfalls etwas zugeraunt hatte. Jonne konnte nicht verstehen, was es gewesen war, aber etwas Nettes sicher nicht.

Sonst sprach keiner mit Jonne, er hatte sogar das Gefühl, dass niemand ihn auch nur anschaute. Selbst Sören und Darian, die im Biologieraum normalerweise mit Jonne an einem Tisch saßen, suchten sich heute einen anderen Platz.

So war das also, wenn man alle gegen sich hatte, überlegte Jonne, während der Biounterricht wie ein

Film, dessen Ton er nicht mal hörte, an ihm vorbeilief. Es war ein sehr merkwürdiges Gefühl, so komplett ignoriert zu werden. Auf einmal spürte man sich dann umso mehr, merkte Jonne. Gerade weil alle so taten, als sei er gar nicht vorhanden, nahm Jonne sich selbst umso stärker wahr und es schien, als sei sein Körper auf sonderbare Weise größer und ungewohnt schwerfällig geworden. Gleichzeitig, obwohl alle ihn wie Luft behandelten, fühlte er sich beobachtet, als wäre er ein fremdes, sonderbares Lebewesen, ganz anders als seine Mitschüler, das sie voller Ekel und Hohn anstarrten.

So also musste Charly sich seit Wochen, wenn nicht seit Monaten, fühlen, so abgeschnitten von allem, so ins Aus, ins Nichts gestellt, so neben dem normalen Leben. Wie hielt sie das nur aus? Jonne hatte an diesem Morgen ja nur eine kleine und vergleichsweise harmlose Kostprobe von all den Verunglimpfungen und Pöbeleien erfahren, aber ihm war jetzt schon klar, dass er diesen Zustand nicht lange würde ertragen können. Daran ging man entweder kaputt oder man schlug um sich.

Jonne würde wohl eher um sich schlagen, aber so ein Typ war Charly nicht. Doch warum war sie nicht daran zerbrochen? Wie schaffte sie es, trotz allem noch recht gute Noten zu bekommen und außerhalb der Schule ein normales Leben zu führen, so als fänden diese ewigen Hänseleien und Quälereien gar nicht statt? Vielleicht war sie in ihrem Inneren sehr, sehr stark, viel stärker als er.

Doch Jonne fragte sich plötzlich, ob sie es tatsächlich schaffte. Was für ein Mädchen wäre sie, wenn sie nicht diesem ständigen Druck, der Verachtung, den Anfeindungen und Herabwürdigungen ausgesetzt wäre? Wenn Jonne es sich recht überlegte, wirkte sie immer sehr gedämpft, so, als wäre sie nur halb da. Wie sie ständig die Schultern zusammenzog, als erwarte sie in jedem Moment den nächsten Schlag, wie sie sich hinter ihren Haaren versteckte ... ihre leise Stimme, die verängstigten Blicke und ihre abgeknabberten Fingernägel, das alles sprach nicht dafür, dass die Sache sie unberührt ließ, ganz im Gegenteil. Aber warum holte sie sich keine Hilfe, warum sprach sie nicht mit jemandem darüber, nicht einmal mit ihren Eltern? Ihre Mutter hatte so einen netten Eindruck gemacht, mit der konnte man doch reden!

Jonne schreckte auf, als es zur Pause klingelte. Auch das noch, die große Pause begann, also würde der Stress gleich weitergehen! Plötzlich konnte Jonne gut verstehen, warum Charly sich in der großen Pause versteckte. Wohin sie wohl immer verschwand? Ob er ihr folgen sollte? Aber das würde sie sicher nicht wollen und außerdem konnte er sich nicht vorstellen, dass sie hier in der Schule ein Plätzchen fanden, an dem sie ungestört miteinander reden könnten.

Jonne tat, als beachte er niemanden, während er den Bioraum verließ, und schlenderte mit einem Umweg über den Pausenkiosk, wo er sich eine Tüte Orangensaft kaufte, zu den Billardtischen. Dort traf er auf Eric, der, so schien es, schon auf ihn gewartet hatte. Er hatte ein Queue für Jonne ergattert, und als er es ihm überreichte, grinste er schief. „Mann, du traust dich was! Echt taff! Aber wie willst du das durchhalten?“

„Mal sehn, wird schon“, sagte Jonne nur und betrachtete nachdenklich die Anordnung der Kugeln auf dem Tisch, bevor er sich entschied, von welcher Seite er zustoßen sollte.

Sie spielten schweigend, die ganze Pause lang. „Hast du heute Mittag noch Zeit für eine Runde?“, fragte Eric, als es wieder zur Stunde klingelte.

„Klar! Gern!“ Noch nie war Jonne so dankbar gewesen, dass jemand seine Gesellschaft suchte.

In der Deutschstunde gab Frau Bellmann endlich die Aufsätze zurück, die sie vor Wochen geschrieben hatten. Sie hatten das Märchen von Frau Holle in einen Bericht umschreiben müssen, was auf den ersten Blick eine leichte Aufgabe zu sein schien, aber gerade weil man das Märchen so gut kannte, passierte es einem eben doch leicht, dass man beim Schreiben wieder in den Märchenstil rutschte und Dinge mit hineinnahm, die in einem sachlichen Bericht nichts verloren hatten. Völlig fehlerlos hatte es nur Charly hingekriegt, und Frau Bellmann las ihren Aufsatz als leuchtendes Beispiel vor.

Jonne blickte während des Vorlesens zu Mari hinüber. Sie sah ausgesprochen missmutig aus, es war klar, dass sie Charly die einzige Eins nicht gönnte. Oje, dachte Jonne, da kann sich die Ärmste gleich auf die nächste Gehässigkeit gefasst machen! Als sich dann auch noch herausstellte, dass Mari sogar nur eine Drei hatte und Jonne selber immerhin eine Zwei, war ihm klar, dass heute ganz sicher noch etwas Unangenehmes geschehen würde.

Und richtig! Mari und ihre Anhänger hatten keine Zeit verloren. Als Herr Grossert zu Beginn der Mathestunde die Tafel aufklappte, prangte da ein großes Herz, in das jemand *Charly-Schlampe + Jonne-Weichei* gekritzelt hatte. Darunter waren zwei hässliche Fratzen gemalt, der einen fiel der lange Pony bis über die Augen, der anderen standen kurze, strubbelige Haare nach allen Richtungen vom Kopf ab und beide hatten einen Schweinerüssel statt einer Nase. Wann Mari – denn sie musste es gewesen sein – dieses Kunstwerk zustande gebracht hatte, war Jonne nicht ganz klar, wahrscheinlich war es in der kleinen Pause passiert, als er zur Toilette gegangen war.

Mathe-Grossert betrachtete die Zeichnung einen Augenblick, dann drehte er sich grinsend zur Klasse um. „Na, hier muss jemand ja ganz schön eifersüchtig sein! Aber Leute, das so offenkundig zu machen, zeugt von hochgradiger Unreife.“ Und damit wischte er die Zeichnung weg und kritzelte in seiner fast unleserlichen Schrift ein paar Maße an die Tafel. „Wer sieht sich in der Lage, dieses Dreieck zu konstruieren? Mari vielleicht?“

Mari, die bei Herrn Grosserts spöttischer Bemerkung verlegen auf ihrem Stuhl hin und her gerutscht war, ging nun nach vorn und begann, ungeschickt mit dem großen Geo-Dreieck zu hantieren. Sie machte ihre Sache so schlecht, dass Herr Grossert sie nach ein paar Minuten wieder an ihren Platz schickte und Vanessa nach vorne holte, die das Dreieck in null Komma nichts zeichnete.

„Ich sag's ja immer", meinte Herr Grossert, als sie fertig war, „gute Musiker sind auch gute Mathematiker! Während ich mich frage, wo deine Begabungen eigentlich liegen, Mari. Im Zeichnen vielleicht?"

Mari wurde knallrot. Wenn Jonne nicht so sauer auf sie gewesen wäre, hätte sie ihm jetzt leidgetan. Und was hatte Herr Grossert mit seinen Sprüchen auch erreicht? Ein Beitrag zum Klassenfrieden waren sie jedenfalls nicht gewesen.

Die zweite große Pause und die letzten beiden Stunden – Erdkunde und Englisch – vergingen ohne besondere Vorkommnisse, wenn man einmal davon absah, dass Mari, Lara und Lars zu spät zur sechsten Stunde kamen, was ihnen einen ziemlichen Rüffel von Frau Bellmann einbrachte. Fast empfand Jonne ein bisschen Schadenfreude – wenn dies nicht sein Tag war, Maris war er zumindest auch nicht, sie hatte sich heute schon einigen Ärger eingehandelt.

Dann war endlich Schulschluss. Und Wochenende! Jonne atmete auf. Zweieinhalb Tage lang brauchte er niemanden aus seiner Klasse mehr zu sehen und vielleicht hatten sich die Wogen bis Montag ja wieder etwas geglättet.

Jetzt freute er sich erst einmal auf eine halbe Stunde Billard mit Eric und diesmal hatten sie Glück: Sie bekamen einen Tisch ganz für sich allein, und da niemand sonst wartete, wurde aus der halben Stunde sogar eine ganze, bis sie plötzlich beide merkten, wie hungrig sie waren.

Eric sah auf die Uhr. „Mensch, in einer Minute kommt mein Bus! Räumst du eben noch auf?“ Er schnappte seine Jacke und seinen Rucksack und rannte in Richtung Treppe. „Mach's gut, bis Montag!“

Jonne stellte die Queues in den Ständer zurück und gab die Billardkugeln beim Hausmeister ab, denn die Sozialpädagogin hatte schon Feierabend gemacht. Dann ging er hinunter in den Fahrradkeller. Das Billardspiel hatte ihm gutgetan und ihn von den Ärgernissen des Vormittags abgelenkt, er fühlte sich längst nicht mehr so bedrückt und angespannt. Vielleicht hatte er ja auch völlig übertrieben reagiert und alles viel zu schwer genommen? Vielleicht war ja am Montag alles wieder normal und er würde über diesen schwarzen Freitag einfach lachen können?

Diese Hoffnung verschwand allerdings sofort, als er sein Fahrrad sah. Beide Reifen waren platt! Und nicht nur das, jemand hatte die Ventile geklaut, wie er bei genauerer Betrachtung bemerkte. Also ließen sich die Reifen nicht wieder aufpumpen. So ein Mist! Ob Charly das Gleiche passiert war? Suchend sah er sich nach ihrem Rad um, und tatsächlich, da stand es, ein paar Meter von seinem entfernt und ganz offensichtlich auch mit zwei platten Reifen. Aber die Ventile waren noch da, warum also hatte sie das Rad stehen gelassen? Er ging näher heran, um es sich genauer anzuschauen, und stellte mit Entsetzen fest, dass bei Charlys Rad nicht einfach die Luft rausgelassen worden war, sondern die Reifen aufgeschlitzt waren. Da hatte jemand ganze Arbeit geleistet, in beiden Reifen klaffte ein langer Schnitt! Was für eine bodenlose Gemeinheit, das war ja schon richtig kriminell!

Jonne untersuchte nun auch seine Fahrradreifen genauer, sie schienen in Ordnung zu sein. Er entfernte die Ventile von Charlys Rad – hoffentlich würde sie das verstehen, dachte er –, setzte sie bei sich ein und begann, die Reifen aufzupumpen. Gott sei Dank, sie hielten die Luft! Also konnte er wenigstens erst einmal nach Hause fahren.

Sein Vater – und erst recht seine Großmutter – hatten Jonne zwar eingeschärft, dass man in der Mittagszeit nicht bei jemandem privat anrief, doch darauf konnte er heute keine Rücksicht nehmen. Sowie er zu Hause angekommen war, stürzte er zum Telefon. Charlys Mutter meldete sich nach dem zweiten Klingeln, also hatte sie ganz sicher keinen Mittagsschlaf gemacht. „Nein“, sagte sie, nachdem Jonne sich gemeldet hatte, „Charly ist nicht da. Sie verbringt die Wochenenden meistens auf einem Bauernhof, wo sie ihr Pony hat. Vor einer halben Stunde ist sie dorthin aufgebrochen. Ist es denn etwas Wichtiges, ich könnte dir die Nummer der Hofbesitzer geben ...“

Jonne unterbrach sie: „Das ist nicht nötig, die habe ich. Die Hofbesitzer sind nämlich meine Tante Betty und mein Onkel Klaus. Wir haben sie neulich besucht und Charly dort getroffen.“

„Tatsächlich?“ Charlys Mutter klang verblüfft. „Davon hat sie mir gar nichts erzählt! Wie sonderbar!“

Gar nicht sonderbar, dachte Jonne, sie erzählt Ihnen vieles nicht. Aber das würde er jetzt auch nicht tun, es wäre nicht fair, hinter Charlys Rücken mit ihrer Mutter über die Probleme in der Schule zu sprechen. Darum sagte er: „Ach, mir war nur noch etwas zu unserem Referat eingefallen, aber das eilt nicht so. Wann kommt Charly denn zurück?“

„Oh, sicher erst am Sonntagabend. Sie liebt ihr Pony über alles, darum bleibt sie immer so lange wie möglich.“ Im Hintergrund ertönte plötzlich wütendes Kindergeschrei. „Was ich ihr nicht verdenken kann“, fügte Charlys Mutter mit einem kleinen Lachen hinzu, „du hörst ja, was hier los ist! Jonne, ich muss auflegen. Mach's gut, hab ein schönes Wochenende!“

„Sie auch“, konnte Jonne gerade noch sagen, da war die Verbindung schon unterbrochen. So schön würde das Wochenende von Charlys Mutter bestimmt nicht werden, dachte er, mit den kleinen Schreihälsen. Aber dass seines so richtig toll werden würde, konnte er sich auch nicht vorstellen.

Eigentlich hatte er gar keine so große Lust mehr zu der Fahrradtour mit Bastian, am liebsten hätte er sich jetzt einfach auf sein Bett gelegt und geschlafen, um den ganzen Mist zu vergessen. Bei Tante Betty und Onkel Klaus anzurufen, hatte jetzt auch keinen Sinn, Charly würde sicher noch nicht da sein. Mit der S-Bahn und dem Bus dauerte die Fahrt zu ihnen mindestens anderthalb Stunden.

Jonne schmierte sich lustlos ein Wurstbrot, denn großen Appetit hatte er nun doch nicht mehr, und dann klingelte auch schon Bastian, um ihn abzuholen.

11. Kapitel

Jonne und Bastian kamen später von ihrer Radtour zurück, als sie geplant hatten, und Jonnes Vater war bereits dabei, das Abendessen vorzubereiten. „Ich habe Christiane und Frank eingeladen, Bastian natürlich auch, es gibt Kalbsrouladen und Risotto, klingt das gut?"

„Super!" Inzwischen hatte Jonne einen Riesenhunger. Allerdings war er auch ein bisschen enttäuscht, er wäre heute Abend lieber mit seinem Vater allein gewesen. Andererseits war es vielleicht auch gut, wenn Bastians Vater zu ihnen käme. Jonne musste unbedingt erzählen, was in der Schule los gewesen war. Und Bastians Vater hatte ja anscheinend Ahnung von solchen Problemen.

Jonne naschte von dem Schinken, der für die Rouladen bereitlag. „Kann ich was helfen?"

Sein Vater musterte ihn. „Du solltest erst mal duschen, mein Lieber, du siehst aus, als hättest du eine Bergetappe bei der Tour de France hinter dir!"

Tour de France *Radrennen in Frankreich*

Jonne grinste. „Nö, war nur norddeutsches Flachland! Aber ...", er musterte seine Hände, die er seit der Fahrradbastelei am Mittag in der Schule noch gar nicht gewaschen hatte, wie ihm jetzt einfiel, „ich gebe zu, es könnte nicht schaden."

Zwanzig Minuten später kam er wieder in die Küche, nach Seife duftend, mit feuchtem, verstrubbeltem Haar und in frischen Jeans und T-Shirt. Er setzte sich an den Küchentisch und sah seinem Vater zu, wie er das Dressing für den Tomatensalat anrührte. „Ich muss euch nachher was erzählen“, sagte er. „Ich hab Stress in der Schule.“

Sein Vater hielt inne und sah ihn besorgt an. „Hast du eine Arbeit verhauen?“

„Nee, Quatsch, das würde ich doch nicht Bastians Eltern auf die Nase binden! Außerdem hab ich ’ne Zwei im Aufsatz, was das angeht, ist alles im grünen Bereich, Papa.“

„Ach, hat die gute Frau Bellmann es endlich geschafft, eure Arbeiten zu korrigieren?“, bemerkte sein Vater spitz. Er hatte schon seit Wochen regelmäßig nach der Aufsatznote gefragt und sich furchtbar darüber aufgeregt, dass Jonne sie immer noch nicht wusste. „Wenn ich meine Kunden so lange warten ließe, würden sie zur Konkurrenz gehen!“, hatte er geschimpft. – „Wir sind keine Kunden“, hatte Jonne ihm erklärt, „bloß Schüler. Und eine Konkurrenz gibt’s ja auch nicht wirklich.“ Das hatte seinem Vater zwar eingeleuchtet, doch seine Meinung über Frau Bellmann hatte trotzdem gelitten.

„Was für ein Problem hast du dann?“, fragte er nun. „Du hast doch hoffentlich nichts ausgefressen?“

„Natürlich nicht! Und wenn, dann würde ich das auch nicht erzählen, wenn Bastian und seine Eltern dabei sind, ist doch wohl logisch! Nein, es hat was mit Charly zu tun. Ich erzähl’s nachher, wenn alle da sind, okay?“

Sein Vater nickte. „Ja, natürlich. Wenn du nichts angestellt hast, kann es ja wohl nichts allzu Schlimmes sein.“

Doch, es war richtig schlimm, fand Jonne. Was da in seiner Klasse passierte, war schlimmer als alles, was er je angestellt hatte.

Jonne wartete, bis sie mit dem Essen fertig waren und der Nachtisch – Papas berühmte Himbeercreme – aufgetischt war, bevor er erzählte. Er begann mit der wilden Aktion, als die anderen Charlys Schulsachen durch die Klasse geworfen hatten, und berichtete dann davon, welches Theater Mari gemacht hatte, als sie zusammen mit Charly in einer Gruppe arbeiten sollte.

Niemand unterbrach ihn, während er sprach, und die Gesichter wurden immer entsetzter. Nachdem Jonne noch die Ereignisse dieses Vormittags geschildert hatte, konnte sich sein Vater nicht mehr auf dem Stuhl halten. Er sprang auf und lief aufgebracht hin und her. „Aber das ist ja unfassbar!“, rief er. „Diese Kinder machen sich strafbar, das ist Sachbeschädigung, damit muss man zur Polizei gehen!“

„Nun mach mal halblang, Daniel“, sagte Frank. „Erstens sind sie noch gar nicht strafmündig, zweitens muss man, denke ich, ganz woanders ansetzen, nämlich in der Schule. Es muss doch darum gehen, diese fatale Gruppensituation aufzulösen, das muss alles ans Tageslicht, darüber muss mit den Lehrern und in der Klasse gesprochen werden.“

„Ja, aber genau das will Charly nicht“, wandte Jonne ein. „Sie hat ja nicht einmal ihren Eltern erzählt, was los ist.“

drangsalieren *quälen*

Sein Vater blieb mitten im Zimmer stehen. „Warum nur nicht?“, fragte er verwundert. „Hast du nicht gesagt, dass ihre Mutter sehr nett ist? Die würde doch bestimmt etwas unternehmen, wenn sie wüsste, wie ihre Tochter drangsaliert wird.“

„Wahrscheinlich hat Charly gerade davor Angst“, meinte Jonne nachdenklich. „Stell dir mal vor, ihre Eltern würden mit Frau Bellmann oder mit Maris Eltern reden, das könnte für Charly auch heftig nach hinten losgehen. Sie würde als Petze dastehen und hätte womöglich noch mehr auszuhalten.“

„Ja, aber man muss doch etwas unternehmen!“, rief sein Vater und tigerte wieder auf und ab. „Man kann das doch nicht einfach hinnehmen! Außerdem wird es ohnehin immer schlimmer, das sieht man doch! Was soll denn noch passieren, bevor endlich jemand eingreift?“

„Natürlich muss man etwas unternehmen“, sagte Frank bedächtig. „Nur sollten wir genau überlegen, wie wir dabei vorgehen wollen, damit die Sache nicht noch weiter eskaliert.“

„Eska... was?“, fragte Bastian.

„Noch schlimmer wird“, übersetzte seine Mutter.

„Komm, Daniel, nun setz dich erst mal wieder hin“, sagte Frank. „Du machst mich ganz nervös mit diesem Hin- und Hergerenne!“

Jonnes Vater holte noch eine Flasche Wein aus dem Kühlschrank, dann setzte er sich, wenn auch widerwillig. „Am besten sollte man diesen Gänsen den

Hals umdrehen, dann wäre ein für alle Mal Ruhe!", brummte er.

Als die anderen in schallendes Gelächter ausbrachen, musste er plötzlich selber grinsen.

Christiane legte ihm die Hand auf den Arm. „Ich weiß, wie du dich fühlst. Wenn jemand Bastian etwas zuleide täte, würde ich auch zur Furie werden."

„Ich auch", gab Frank zu. „Aber Gänsebraten ist keine Lösung, Daniel, wirklich nicht!"

Wieder lachten alle und Jonne lehnte sich entspannt zurück. Es tat gut, so viel Beistand zu haben, und er wusste, dass sie nun, nachdem sich die erste Empörung bei seinem Vater gelegt hatte, eine Lösung finden würden. „Ich bin dafür, erst mal mit Charly zu reden", sagte er. Ich wollte das heute schon tun, aber ich habe sie nicht mehr erwischt, sie ist gleich nach der Schule zu Tante Betty und Onkel Klaus auf den Hof rausgefahren."

„Ja, ich denke auch, dass ihr ohne sie nichts unternehmen solltet", sagte Frank. „Schließlich geht es in erster Linie um sie, und man kann ihr nur helfen, wenn sie es selber auch will."

„Na, na, inzwischen geht es ja wohl auch um Jonne", meinte Jonnes Vater. „Da kann ich doch wohl nicht Charlys gnädiges Einverständnis abwarten, bevor ich aktiv werde!"

„Nein, da hast du natürlich recht", räumte Frank ein, „aber es wäre besser, wenn ihr, also Jonne, Charly, ihre Eltern und du, in einer konzertierten Aktion handeln würdet."

„Hä? Was für ein Konzert?“, fragte Bastian.

„Einer gemeinsamen Aktion“, erklärte seine Mutter.

Jonne grinste. „Ich schenke dir zum Geburtstag ein Fremdwörterlexikon, bei dem Vater brauchst du das!“

Bastian lachte. „Nö, lass man. Ich hab ja meine Mutter. Schenk mir lieber eine Fahrradhupe, die wünsche ich mir nämlich schon lange.“

„Nun lenkt nicht ab!“, sagte Frank ungeduldig. „Jonne, meinst du, man könnte Charly überreden, jetzt endlich gegen diese Mobberbande vorzugehen?“

„Tja, ich weiß nicht.“ Jonne sah ratlos in die Runde. „Ich glaube, sie hat furchtbar Schiss vor denen. Und ehrlich gesagt, nach dem, was ich heute erlebt habe, kann ich das total gut verstehen. Ich hab mich heute Morgen in der Schule auch supermies gefühlt, irgendwie so ... so ... absolut hilflos.“

Frank schaute ihn nachdenklich an. „Und schuldig? Als wäre es deine Schuld, dass das alles passiert?“

„Ja, irgendwie schon. Es wäre ja auch nichts passiert, wenn ich Charly nicht dieses Pferdchen geschenkt hätte. Ich hab das doch alles ausgelöst.“

„Nein, das ist Quatsch“, sagte Frank. „Wenn du das nicht getan hättest, hätten diese Mari und ihre Freunde einen anderen Anlass gefunden, euch fertigzumachen. Sie brauchen jemanden, den sie schikanieren können, und Charly haben sie sich offensichtlich schon vor langer Zeit ausgeguckt. Dass du jetzt zu ihr hältst, passt ihnen natürlich gar nicht, also bist du auch gleich mit dran.“

„Aber warum?“, fragte Jonne verzweifelt. „Warum ausgerechnet Charly? Sie ist doch okay, es gibt überhaupt keinen Grund, sie zu hänseln!“

„Tja, die Frage kann ich dir auch nicht so einfach beantworten“, meinte Frank. „Es kann viele Gründe geben, die alle überhaupt nichts mit Charly zu tun haben müssen. Wenn Mari, und sie scheint ja die Anstifterin bei allem zu sein, unbedingt ein Opfer braucht, das sie piesacken kann, dann mag es Zufall sein, dass sie sich gerade Charly ausgesucht hat. Um das herauszukriegen, werden in eurer Klasse sicher einige klärende Gespräche geführt werden müssen. Was ist denn mit deiner Klassenlehrerin, kann man mit der reden?“

„Ich weiß nicht. Die kriegt ja von all dem kaum etwas mit, da sind Mari und ihre Freunde schon ganz geschickt“, sagte Jonne.

„Und gibt es niemanden in der Klasse, der mal den Mund aufmacht und ihr was sagt?“, fragte Christiane.

„Mama“, Bastian sah seine Mutter mitleidig an, „das wäre doch Petzen, das macht keiner.“

„Außerdem glaube ich, dass viele Angst davor haben, sie könnten dann genauso dran sein, wenn sie etwas sagen“, meinte Jonne. „Und diejenigen, die sich vielleicht trauen würden, etwas zu sagen, kriegen die schlimmsten Aktionen gar nicht mit, zum Beispiel die Sache mit den Fahrrädern heute. Oder das neulich, als sie sich Charlys Rad schon mal vorgenommen haben.“

„Nun, wie auch immer“, sagte Jonnes Vater, der lange schweigend vor sich hingebrütet hatte, „ich denke, wir sollten morgen mal auf den Hof fahren und mit Charly sprechen, Jonne. Und dann mit ihren Eltern. So kann es jedenfalls nicht weitergehen, jetzt muss etwas geschehen!"

Frank schenkte sich noch etwas Wein nach. „Das halte ich für eine ausgezeichnete Idee. Wie gut, dass gerade Wochenende ist, da habt ihr genügend Zeit für solche Gespräche, vor Montag könnt ihr sowieso nichts unternehmen."

„Leider", sagte Jonnes Vater. „Wenn es nach mir ginge, würde ich mir diese Früchtchen gleich vorknöpfen!"

Christiane lachte. „Umso besser, dass du erst einmal ein paar Nächte darüber schlafen musst! Ich wusste gar nicht, dass du so ein Hitzkopf sein kannst!"

Jonnes Vater kratzte sich verlegen am Kopf, musste dann aber auch lachen. „Das bin ich normalerweise auch nicht. Aber …"

„Aber wenn es um deinen Sohn geht", vollendete Christiane den Satz. „Doch bevor du dich weiter aufregst, meinst du nicht, es wäre gut, deine Cousine anzurufen und euren Besuch für morgen anzukündigen?"

„Du hast recht", sagte Jonnes Vater und stand auf.

„Sag ihr aber, dass sie Charly noch nichts davon erzählen soll", meinte Jonne. „Sonst hat das arme Mädchen bestimmt eine schlaflose Nacht."

Jonne und sein Vater kamen zur Mittagszeit auf dem Bauernhof an. Tante Betty empfing sie in der

Küche, in der es köstlich nach gebratenem Hähnchen duftete.

„Wo ist denn Charly?“, fragte Jonne, nachdem er seine Tante begrüßt hatte.

Sie lächelte und fuhr ihm mit der Hand durch das Strubbelhaar. „Na, das Mädchen hat’s dir wohl angetan, was?“, meinte sie belustigt.

„Quatsch!“ Jonne zog den Kopf ein. „Wir haben nur was zu bereden. Ist sie im Stall?“

„Ja, wo sonst? Lauf eben rüber und sag ihr auch gleich, dass sie jetzt zum Essen kommen soll. In fünf Minuten ist es so weit.“

Bevor Jonne die Tür hinter sich schloss, hörte er seine Tante noch fragen: „Was gibt es denn so Geheimnisvolles, dass ich Charly nichts von eurem Besuch verraten durfte?“

Jonne wusste, dass sein Vater Tante Betty nichts erzählen würde. Sie hatten ausgemacht, zuerst mit Charly allein zu sprechen, und außerdem war es nicht nötig, dass Tante Betty und Onkel Klaus überhaupt etwas von den Vorkommnissen in der Schule erfuhren. Der Hof, so hatte Frank gestern vermutet, schien für Charly eine Art Schutzraum zu sein, ein Zufluchtsort, an dem sie sich sicher fühlte, weil es dort keinerlei Berührungspunkte mit ihrem normalen Leben gab. Auf dem Hof konnte sie abschalten und ihre Probleme für eine Weile vergessen. Das hatte Jonne eingeleuchtet, und auf einmal hatte er auch verstanden, warum Charly so abweisend zu ihm gewesen war, als sie sich dort plötzlich über den Weg gelaufen waren.

Heute aber schien Charly sich zu freuen, Jonne zu sehen. „Was machst du denn hier?“, fragte sie und ließ den Kamm sinken, mit dem sie gerade den Schweif ihres Ponys bearbeitet hatte. „Ich wusste gar nicht, dass ihr kommen wolltet!“

„Ich auch nicht. Wir haben das gestern Abend ganz spontan entschieden“, sagte Jonne. „Hast du Lust, heute Abend ein Lagerfeuer mit uns zu machen? Nur wir drei, mein Vater, du und ich.“

Charlys Augen leuchteten. „Toll! Ich liebe Lagerfeuer!“

„Na dann! Aber jetzt komm, Tante Betty hat das Essen fertig, ich sollte dir Bescheid sagen.“ Er wartete, bis Charly die Box verschlossen hatte, dann gingen sie zusammen über den Hof in das Wohnhaus.

Frank schien recht zu haben, dachte Jonne, als Charly ihm auf dem Weg von dem Ausritt erzählte, den sie für den Nachmittag mit ihrer Freundin Annika geplant hatte. Charly wirkte völlig unbesorgt, als sei hier tatsächlich aller Kummer von ihr abgefallen, und es schien ihr gar nicht in den Sinn zu kommen, mit Jonne über die letzten Ereignisse in der Schule reden zu wollen. Dabei war das doch erst gestern gewesen! Konnte man so etwas derart schnell abhaken und vergessen?

12. Kapitel

Sie machten das Feuer unten am See. Jonne und sein Vater hatten einen riesigen Berg Holz aufgeschichtet, von dem große Vorräte hinter Onkel Klaus' Scheune lagen, und sie hatten in Tante Bettys Küche ein kleines Picknick aus belegten Brötchen zubereitet und zwei Thermoskannen mit heißem Tee gefüllt. Als Charly von ihrem Ausritt zurückkam, bestand sie darauf, noch ein paar Kartoffeln in Folie zu wickeln. „Die legen wir unten in die Glut", sagte sie und packte auch noch Gabeln, Teller, Salz und Butter in den Picknickkorb. „Das ist so lecker, dafür könnte ich sterben!"

Jonnes Vater lachte und legte den Arm um ihre Schultern. „Das wäre allerdings schade, wir mögen dich ganz gern lebendig!"

Charly strahlte erst ihn, dann Jonne an. Wie hübsch sie aussah, dachte Jonne, man müsste ihr nur mal diesen blöden Pony schneiden.

Sein Vater nahm den Picknickkorb. „Also, auf geht's! Nehmt ihr die Decken mit?" Er deutete auf den Stapel Wolldecken, der auf einem Küchenstuhl bereitlag.

Im Gänsemarsch wanderten sie durch den Garten und über die Streuobstwiese hinunter zum See. Der Feuerplatz lag direkt am Ufer, nicht weit entfernt von dem Bootssteg. Er war mit Steinen eingefasst und im Sommer hatten sie hier schon herrliche Grillfeste gefeiert. Onkel Klaus baute dann ein Metallgestell über der Feuerstelle auf, an das er einen riesigen runden

Grillrost hängen konnte. Aber dieser ganze Aufwand lohnte sich nur, wenn mindestens sechs oder acht oder mehr Leute da waren, jetzt war ein einfaches Picknick genau das Richtige. Außerdem waren sie ja nicht in erster Linie zum Essen hergekommen.

Jonne und Charly breiteten die Decken aus, packten den Picknickkorb aus und legten alles zurecht, während Jonnes Vater das Feuer anfachte. Sie hatten es sehr fachmännisch vorbereitet und viel trockenes Stroh zwischen das Holz gestopft, sodass es schnell aufloderte und die kleinen Zweige, die ganz unten lagen, gleich anfingen zu brennen. Trotzdem wedelte Jonnes Vater noch kräftig mit einem Stück Pappe, das er extra zu diesem Zweck mitgebracht hatte, bis auch die dickeren Zweige Feuer fingen.

„Kann ich die Kartoffeln jetzt schon hineinlegen, Herr Heidbrink?“, fragte Charly.

„Na, warte noch mal ein bisschen, bis wir unten richtige Glut haben“, sagte Jonnes Vater. „Und dann lass mal diesen Herrn Heidbrink weg. Ich bin Daniel und du kannst mich duzen.“

Charly sah ihn überrascht an. „Gern – danke!“

Jonne biss sich auf die Lippe. Wenn Charly seinen Vater jetzt Daniel nannte, klang das viel erwachsener als sein ewiges „Papa“. Aber sooft er es sich auch schon vorgenommen hatte, er schaffte es einfach nicht, seinen Vater mit dem Vornamen anzureden. Es klang immer irgendwie affig.

Schließlich brannte das Feuer so, wie es sein sollte, und sie mussten nun nichts weiter tun, als ab und zu ein Stück Holz nachzulegen. Sie setzten sich im Halbkreis auf die Decken, Charly schob die Kartoffeln mit einem Stock in die Glut, Jonnes Vater schenkte Tee ein und jeder nahm sich ein Brötchen.

Erst als sie aufgegessen hatten, sagte Jonnes Vater: „Charly, wir müssen uns über das unterhalten, was bei euch in der Schule passiert."

Charly, die verträumt ins Feuer gestarrt hatte, schreckte auf und sah erst Daniel, dann Jonne entsetzt an. „Hast du ihm etwa was erzählt?", fragte sie vorwurfsvoll.

Jonne zuckte mit den Schultern. „Ja, klar. Wir brauchen doch Hilfe. Das Ganze wird immer brutaler, denk nur an dein Fahrrad! Außerdem ... das ist doch alles schrecklich, ich halte das nicht aus! Und ich verstehe nicht, wie du das kannst. Warum hast du nie jemandem davon erzählt?"

Charly kaute an ihrer Unterlippe und sagte lange Zeit gar nichts. Jonne und sein Vater warteten.

„Was soll das denn bringen?", fragte sie schließlich. „Ich würde doch alles nur noch schlimmer machen. Wenn ich es meiner Mutter erzählte, würde die sofort zu Maris Mutter rennen, und ich wette, die würde uns kein Wort glauben. Mari tut doch Erwachsenen gegenüber immer so superlieb, da würde mir niemand glauben, auch die Lehrer nicht! Aber Mari würde sich erst recht an mir rächen."

„Wann hat das eigentlich alles angefangen?", fragte Jonne. „Habt ihr euch gestritten, oder was?"

Charly schüttelte den Kopf. „Nee. Das war irgendwie anders, es ging so langsam los. Als wir in der fünften Klasse waren, war noch alles okay. Ich habe oft was zusammen mit Mari und Vanessa und Michelle gemacht, wir haben uns nachmittags getroffen und haben uns gegenseitig zum Geburtstag eingeladen und so. Aber als wir in die Sechste kamen, wurde das allmählich anders. Lara kam neu in die Klasse und Mari hat sich sofort ganz dick mit ihr angefreundet und ... irgendwie passte dann plötzlich alles nicht mehr so. Ich glaube, es liegt daran, dass ich ein bisschen zurückgeblieben bin, da wollten die anderen dann nichts mehr mit mir zu tun haben."

„Wie?", fragte Jonne verblüfft. „Was meinst du mit zurückgeblieben?"

taff
robust, hart

„Na ja, die sind doch alle viel taffer als ich, viel erwachsener ... gegen die bin ich ein Kind! Das sieht man doch auf den ersten Blick!"

„Das ist ja wohl kompletter Blödsinn", sagte Jonne. „Nur weil Mari und Lara sich auftakeln wie die Modepüppchen, sind sie ganz sicher nicht erwachsener!"

„Doch", beharrte Charly. „Es ist ja nicht nur das. Sie sind auch sonst viel reifer, sie reden über Jungs und alles."

„Na, ein besonderes Zeichen von Reife kann ich bei ihnen nun nicht erkennen", mischte sich jetzt Jonnes Vater wieder ins Gespräch. „Im Gegenteil, sie benehmen sich doch ausgesprochen kindisch."

Charly sah ihn überrascht an. Dieser Gedanke war ihr anscheinend noch nie gekommen.

„Weißt du, Charly“, fuhr Jonnes Vater fort, „ich glaube, du denkst, es sei deine Schuld, dass sie dich so mies behandeln. Aber das ist nicht so.“

„Woher wollen Sie ... woher willst du das denn wissen? Du kennst sie doch gar nicht! Und mich auch nicht richtig.“

„Das stimmt“, räumte Jonnes Vater ein, „aber ich habe mich ein bisschen mit solchen Mobbingsituationen beschäftigt und ich weiß, dass es selten die Schuld des Opfers ist, wenn so etwas passiert. Meistens sind es die Täter, die ein Problem haben.“

Jonne grinste. Alles, was sein Vater über Mobbing wusste, hatte er taufrisch von Frank gelernt.

„Nein, das glaube ich nicht“, sagte Charly. „Mari hat doch kein Problem! Sie hat viele Freundinnen, sie sieht supergut aus und alle mögen sie. Bei der ist alles in bester Ordnung.“

„Da wäre ich mir nicht so sicher“, meinte Jonnes Vater, aber natürlich konnte er Charly nicht das Gegenteil beweisen, er kannte Mari ja wirklich nicht. „Doch wie auch immer, Charly, wir müssen jetzt etwas unternehmen. So kann es nicht weitergehen.“

„Aber das ist alles so peinlich“, wandte Charly ein.

„Was ist peinlich?“, fragte Jonnes Vater.

„Na, das alles. Wenn alle erfahren, was die mit mir gemacht haben.“

„Aber das muss *dir* doch nicht peinlich sein!“, rief Jonne. „Peinlich wird es nur für Mari und ihre Freunde, denk nur an dein kaputtes Fahrrad!“

„Aber wir können doch gar nicht beweisen, dass sie das waren“, entgegnete Charly.

„Auch wieder wahr.“ Jonne stocherte nachdenklich im Feuer herum.

„Das ist vielleicht auch nicht so wichtig“, meinte sein Vater. „Es gibt genug anderes, für das sie zur Rechenschaft gezogen werden müssen. Jedenfalls möchte ich am Montag mit der Schulleitung sprechen, und vorher, Charly, sollten wir mit deinen Eltern reden.“

„Muss das sein?“ Charly sah Jonnes Vater ängstlich an. „Die haben doch sowieso schon den totalen Stress, mein Vater arbeitet bis spät am Abend und meine Mutter hat mit meinen Brüdern so viel um die Ohren, da muss ich sie nicht auch noch mit meinen Problemen belästigen.“

„Ist das der Grund, warum du ihnen nichts erzählt hast?“, fragte Jonne. „Gar nicht, weil du dachtest, dass sie alles noch schlimmer machen könnten, sondern weil du denkst, dass du sie schonen müsstest?“

„Na ja, beides. Ehrlich, meine Mutter ist ganz schön fertig, seit die Zwillinge immerzu krank sind. Und sie betont oft, wie froh sie ist, dass ich schon so selbstständig bin und sie sich um mich nicht mehr kümmern muss.“

„Aber Charly“, sagte Jonnes Vater, „so hat sie das bestimmt nicht gemeint. Natürlich wird sie für dich Zeit haben, wenn du sie brauchst. Ich bin sogar sicher, sie wünscht sich, dass du ihr von deinen Sorgen erzählst.“

Charly nippte an ihrem Tee. „Können Sie ... kannst du ihr das dann vielleicht erklären, Daniel?“

Jonne atmete auf. Das war das erste Anzeichen, dass Charly ihren Widerstand aufgab und bereit war, mit anderen über alles zu reden.

„Natürlich kann ich das tun", sagte Jonnes Vater. „Ich schlage vor, wir rufen deine Eltern morgen früh an und fahren dann alle zusammen zu ihnen. Was meinst du?"

„Hmhm", machte Charly. Ganz überzeugt klang das noch nicht, aber Jonne fand, es war schon ein Riesenfortschritt.

Auch sein Vater schien mit Charlys halbherziger Zustimmung erst einmal ganz zufrieden zu sein, denn er wechselte nun das Thema: „Lasst uns mal die Kartoffeln probieren, ich schätze, sie könnten jetzt gar sein. Willst du mal eine rausholen, Charly?"

Den Sonntagvormittag verbrachten sie noch auf dem Hof. Jonne und sein Vater hatten eigentlich vorgehabt, morgens ganz früh aufzustehen, um zu angeln, aber als sein Vater versucht hatte, Jonne zu wecken, war er nicht aus dem Bett zu kriegen gewesen. „Du bist ja verrückt", hatte er nur gemurmelt, sich umgedreht und die Decke über die Ohren gezogen.

Sein Vater war ein bisschen enttäuscht gewesen, aber dann hatte er allein einen Morgenspaziergang unternommen und war in bester Stimmung zurückgekommen. „Es ist so herrlich hier, so friedlich! Vielleicht war es ein Fehler, in die Stadt zu ziehen", sagte er, als er sich zu den anderen an den Frühstückstisch setzte.

Jonne wusste, dass er das nicht ganz ernst meinte. Gerade vor ein paar Tagen, als sie zusammen im Kino gewesen waren und hinterher noch eine Currywurst gegessen hatten, hatten sie sich über die Vorzüge des Großstadtlebens unterhalten. In Neudorf hatte es nämlich kein Kino gegeben, und der einzige Currywurststand schloss abends um sieben.

Nach dem Frühstück rief Charly ihre Eltern an und erzählte ihnen, dass Jonne und sein Vater da seien und sie im Auto mit zurück in die Stadt nehmen würden. Bevor sie dazu kam zu sagen, dass Jonnes Vater mit ihnen sprechen wollte, unterbrach ihre Mutter sie: „Dann fahrt doch so, dass wir hier noch alle zusammen Kaffee trinken können. Ich würde Herrn Heidbrink gern kennenlernen."

„Na, das passt doch großartig", sagte Jonnes Vater, als Charly ihm von dem Gespräch berichtete. „So machen sie sich jetzt jedenfalls noch keine Sorgen. Und was machen wir nun?" Er rieb sich unternehmungslustig die Hände. „Hast du Lust, mit uns rudern zu gehen, Charly?"

Aber Charly wollte lieber ausreiten, etwas, wozu wiederum Jonne nicht zu bewegen war. „Pferde sind was für Mädchen", sagte er naserümpfend.

Charly streckte ihm die Zunge raus. „Du hast doch bloß Angst, dass du runterfällst!", sagte sie lachend und strich sich den Pony aus der Stirn.

Wieder fiel Jonne auf, wie hübsch Charly aussah, wenn sie so unbeschwert war. Er atmete tief durch.

Wenn doch bloß alles gut werden würde! Vielleicht könnte Charly dann immer so sein.

So verbrachten sie den Vormittag getrennt, Jonne und sein Vater warfen vom Ruderboot aus ihre Angeln aus, aber sie fingen natürlich wieder nichts.

Charly machte einen langen Ausritt und kam mit geröteten Wangen und blitzenden Augen zurück. „Julia ist super in Form“, erzählte sie beim Mittagessen. „Ich habe sie bis zum alten Forsthaus im Galopp laufen lassen. Am letzten Wochenende hat sie noch auf halbem Wege schlappgemacht, aber diesmal ging es prima!“

Jonne sah sie nachdenklich an und rieb sich das linke Auge, das seit dem Morgen furchtbar juckte. „Vielleicht lerne ich doch reiten“, sagte er. Auf einem Pferd durch den Wald zu preschen, das hätte ja was. Indianer und Cowboys ritten schließlich auch, und die waren nun bestimmt keine Mädchen, sondern richtig harte Kerle!

Charly strahlte. „Auja, ich bring’s dir bei! Du könntest es auf Jabo versuchen, der ist zahm wie ein Lamm.“

„Mal sehen“, sagte Jonne. Auf einem Gaul, der zahm wie ein Lamm war, durch die Gegend zu trotten, erschien ihm denn doch nicht besonders verlockend und hatte wenig mit seiner Vorstellung vom Wilden Westen zu tun.

Onkel Klaus schien zu verstehen, was in ihm vorging. „Wenn du wirklich anfangen willst, dann nicht auf einem Pony, dazu bist du sowieso schon fast zu groß. Du könntest Dabby nehmen, weißt du, die braune Stute, die ganz hinten im Stall steht."

Das klang schon besser. „Ich überleg's mir", sagte Jonne und rieb sein Auge. Vielleicht hatte er sich, was das Reiten anging, doch zu weit aus dem Fenster gelehnt? Jedenfalls war das wieder so etwas, was er in der Schule lieber nicht erzählen sollte. Jungen, die ritten, waren für die anderen immer irgendwie eine Lachnummer. Und nach den Erfahrungen vom Freitag war Jonne nicht besonders scharf darauf, sich komplett zum Außenseiter zu machen. Andererseits – wenn er dann erst einmal alleine ausreiten konnte und in der Abenddämmerung irgendwo am Feuer saß, sein Pferd neben sich grasend ... das hätte schon was. So lebten einsame Wölfe.

13. Kapitel

„Das ist doch alles super gelaufen mit Charlys Eltern, findest du nicht?“, sagte Jonne, als er abends im Bett lag.

Sein Vater tränkte ein Wattepad in Kamillenlösung und legte es vorsichtig auf Jonnes entzündetes Auge. „Ja“, sagte er, „sie sind wirklich sehr nett und verständnisvoll. Ich begreife immer noch nicht, warum Charly ihnen nicht längst von ihrem Kummer erzählt hat.“

„Ich verstehe das schon“, sagte Jonne. „Du hast doch gesehen, wie ihre Mutter zuerst reagiert hat. Sie war ja noch viel wütender als du neulich. Und wenn du sie nicht gebremst hättest, wäre sie sofort ans Telefon gestürzt und hätte Maris Eltern angerufen. Was Charly dann auszuhalten gehabt hätte, möchte ich mir lieber nicht ausmalen.“

„Wahrscheinlich hast du recht“, gab sein Vater zu, dem es nur mühsam gelungen war, Charlys Mutter zu beruhigen und sie davon zu überzeugen, dass es am besten sei, sich gleich an die Schulleiterin zu wenden, anstatt an Maris Eltern, die doch nur für ihre Tochter Partei ergreifen würden. Daraus konnte nur noch mehr Streit entstehen, also war es besser, eine neutrale Person einzuschalten.

Das hatte Charlys Mutter schließlich eingesehen, zumal sie große Stücke auf Frau Kamprath, die Schulleiterin, hielt. „Das ist eine sehr vernünftige Frau, sehr überlegt und besonnen“, hatte sie gesagt. „Wahrscheinlich ist es wirklich am besten, den Fall in ihre Hände zu legen."

Den Fall – wie das klang! Jonne und Charly hatten einander plötzlich unsicher angesehen. Was würden sie wohl lostreten, wenn alles ans Licht kam?

„Dein Auge sieht wirklich nicht gut aus", sagte Jonnes Vater jetzt. „Ich denke, ich rufe Charlys Mutter gleich noch mal an. Du musst morgen als Erstes zum Arzt, das Gespräch mit der Schulleiterin können wir auch später am Vormittag führen."

„Aber dann soll Charly vorher auch zu Hause bleiben", sagte Jonne. „Sonst kriegt sie gleich wieder Stress."

Am nächsten Morgen war Jonne sogar richtig froh, dass er zum Arzt gehen durfte. Er bekam sein Auge kaum noch auf, es tat weh und gleichzeitig juckte es höllisch.

Sein Vater suchte den nächstgelegenen Augenarzt aus dem Telefonbuch heraus und bekam auch sofort einen Nottermin, sodass ihnen kaum noch Zeit für ein anständiges Frühstück blieb. Allerdings hatte Jonne sowieso keinen rechten Appetit, das bevorstehende Gespräch mit Frau Kamprath schlug ihm auf den Magen.

Als sie die Treppen zu der Arztpraxis hochstiegen, hielt Jonne plötzlich inne und drehte sich zu seinem Vater um. „Wie heißt der Arzt?" Er hatte das Schild an der Eingangstür natürlich gesehen, doch erst jetzt klickte es bei ihm. Allerdings musste er sich noch einmal vergewissern.

„Dr. Salberg. Wieso?“

„Das ist Maris Vater!“

„Bist du sicher?“

Jonne nickte. „Ziemlich. Ich weiß, dass er Augenarzt ist und hier irgendwo seine Praxis hat. So viele Augenärzte, die Salberg heißen, wird es in diesem Stadtteil ja wohl nicht geben.“

„Na, das ist doch interessant“, meinte sein Vater. „Vielleicht ist er ja ein ganz vernünftiger Typ, mit dem man reden kann. Allerdings werden wir das nicht jetzt tun, sondern bei unserem Plan bleiben, erst mit Frau Kamprath zu sprechen. Aber zumindest können wir ihm mal etwas auf den Zahn fühlen.“

Sie mussten nicht lange warten, bis Jonne an der Reihe war. Sein Vater begleitete ihn ins Behandlungszimmer und setzte sich auf einen Stuhl vor dem Schreibtisch, während Dr. Salberg Jonnes Auge untersuchte.

„Eine Bindehautentzündung“, sagte er. „Zum Glück sind Sie frühzeitig gekommen, es ist nicht sehr schlimm. Ich verschreibe dir Augentropfen, die nimmst du dreimal täglich, und morgen ist der ganze Spuk dann wahrscheinlich vorbei.“ Er zog Jonnes Augenlid herunter und gab etwas Salbe darauf.

Jonne blinzelte. Er sah den Arzt erst einmal nur wie durch einen Schleier.

„Du solltest nicht Fahrrad fahren oder Sport treiben, bis die Entzündung vollkommen abgeheilt ist“, meinte Dr. Salberg. „Ich stelle dir für die Schule ein Attest aus.“

„Sie sind der Vater von Mari, nicht wahr?“, fragte Jonnes Vater. „Jonne und sie gehen seit Kurzem in eine Klasse. Wir sind erst vor ein paar Wochen hierhergezogen.“

„Ach, tatsächlich?“ Dr. Salberg sah Jonne interessiert an. „Und wie gefällt es dir in der Schule? Musst du auch so büffeln?“ Ohne Jonnes Antwort abzuwarten, drehte er sich zu dessen Vater um. „Da herrscht ja ein ziemlich hohes Niveau, meine Tochter sitzt jeden Tag Stunden über ihren Hausaufgaben, und in Mathematik lassen wir ihr jetzt Nachhilfe geben. Was heutzutage von den Kindern verlangt wird, ist schon eine ganze Menge.“ Er klopfte Jonne auf das Knie, um ihm zu bedeuten, dass er jetzt aufstehen könne, und setzte sich an seinen Schreibtisch. „Man denkt ja jetzt schon an den Numerus clausus, schließlich soll meine Tochter auch Medizin studieren. Sie ist unsere einzige, und sie soll natürlich später einmal die Praxis übernehmen.“

„Meinen Sie nicht, dass es noch etwas zu früh ist, solche Entscheidungen zu treffen? Die Kinder sind doch erst zwölf“, sagte Jonnes Vater. „Wer kann denn jetzt schon sagen, in welche Richtung sie sich einmal entwickeln und wo ihre Interessen liegen werden?“

„Nein, nein, bei uns ist das alles völlig klar“, erwiderte Dr. Salberg. „Mari weiß schon lange, dass sie in meine Fußstapfen treten wird, und dass sie dafür ein Einser-Abitur braucht, ist ihr natürlich bewusst.“

„Aber bis zum Abi ist es doch noch so lange hin“, sagte Jonne. „Darüber muss man sich jetzt doch noch keine Gedanken machen.“

Dr. Salberg lachte, aber es klang nicht fröhlich. „Junge, das denkt ihr! Die paar Jahre bis zum Abitur verfliegen im Nu, und wenn ihr jetzt nicht die Grundlagen legt, könnt ihr das nie mehr aufholen! Das sage ich meiner Tochter jeden Tag." Er tippte etwas in seinen Computer und der Drucker spuckte das Rezept und das Attest aus. „In die Schule kannst du aber jetzt ruhig noch gehen, so krank bist du nicht. Und jeder verpasste Tag wirft dich um zwei Tage zurück, sage ich immer."

Jonnes Vater nahm die beiden Papiere entgegen und stand auf. „Tja, dann wollen wir mal. Haben Sie herzlichen Dank, dass Sie Jonne so schnell drangenommen haben, Herr Salberg."

„Dr. Salberg", sagte der automatisch und verabschiedete die beiden mit einem Handschlag. „Grüß mir meine Tochter, Jonne, und sag ihr, sie soll schön aufpassen und keine Mätzchen machen!" Wieder lachte er dieses freudlose Lachen.

„Puhhh!" Jonne stieß einen langen Seufzer aus, als sie wieder auf dem Bürgersteig standen. „Das ist ja ein Typ!"

Sein Vater schüttelte nur den Kopf. „Und da glaubt Charly, dass Mari keine Probleme hat? Dieser Vater ist ein einziges Problem! Wahrscheinlich hat das arme Mädchen keine ruhige Minute zu Hause, sondern wird rund um die Uhr unter Druck gesetzt."

„Na ja ... das *arme* Mädchen?" Jonne schnaubte. „Die gibt den Druck doch eins zu eins weiter!"

„Was zumindest eine Erklärung wäre", meinte sein Vater nachdenklich, als er die Autotür aufschloss.

„Komm, steig ein, wir holen jetzt Charly und ihre Mutter ab und dann fahren wir in die Schule.“

Charlys Mutter hatte früh am Morgen in der Schule angerufen und einen Termin mit der Schulleiterin verabredet, sodass sie sofort Zeit für sie hatte.

„Was führt Sie zu mir?“, fragte Frau Kamprath, als sie alle fünf an dem runden Besprechungstisch in ihrem Büro Platz genommen hatten. Sie war eine Frau um die fünfzig, groß und schlank, mit grauen Strähnen in ihrem kinnlangen Haar. Sie trug ein dunkles Kostüm, und auf den ersten Blick wirkte sie etwas streng. Doch wenn sie lächelte, wurde ihr Gesicht warm und freundlich.

„Es gibt Probleme in Charlys Klasse“, begann Charlys Mutter. „Meine Tochter wird von einigen Schülern seit Monaten systematisch ausgegrenzt und drangsaliert. Bezeichnungen wie ‚stinkende Schlampe‘ gehören offenbar noch zu den harmloseren Beschimpfungen und darüber hinaus werden ihre Sachen beschädigt. Am Freitag wurden während der Schulzeit ihre Fahrradreifen aufgeschlitzt.“

Frau Kampraths Blick wanderte zwischen Charly und ihrer Mutter hin und her. „Seit einigen Monaten? Und da kommen Sie erst heute zu mir?“

„Ich wusste bis gestern selbst nichts davon“, sagte Charlys Mutter verlegen. „Charly hatte offensichtlich große Angst, etwas zu erzählen, da sie befürchtete – und noch befürchtet –, dass ihre Mitschülerinnen zu noch massiveren Attacken übergehen, wenn sie sie verrät. Es ist alles erst herausgekommen, als Jonne, der sich ein bisschen mit meiner Tochter angefreundet hat, plötzlich auch ein Opfer dieser Übergriffe wurde und seinem Vater davon berichtet hat."

Frau Kamprath griff zu einem Schreibblock und sah Charly an. „Erzähl mir mal genau, was alles passiert ist, Charly, und wer beteiligt war."

Charly druckste erst etwas herum. Es war ihr schrecklich peinlich, die Ausdrücke und Beleidigungen zu wiederholen, mit denen Mari und Lara, aber auch Lars und Marcel sie traktiert hatten. Dann berichtete sie von der Aktion im Fahrradkeller, als sie ihr Fahrrad mit Paketband verklebt und mit Sprühsahne beschmiert vorgefunden hatte, und wie ihre Schulsachen durch die Klasse geworfen worden waren.

„Aber das war noch längst nicht alles", sagte Jonne, als Charly ihren stockenden Bericht beendet hatte. „Sie haben sie zur totalen Außenseiterin gemacht! Niemand hat in den Pausen mit ihr geredet, und im Sport, wenn wir Ballspiele und so was gemacht haben, hatten sie sie immer auf dem Kieker. Und wer dabei nicht mitmachte, der kriegte auch gleich was von Mari zu hören. Mich haben sie deshalb schließlich auch bedroht."

„Wie bedroht?", fragte Frau Kamprath, die sich eifrig Notizen machte.

„Ach, sie haben mir so einen Zettel in mein Mathebuch gelegt, auf dem stand, dass sie mich fertigmachen wollen, wenn ich mich nicht von Charly fernhalte. Und dann haben sie am Freitag die Ventile von meinem Rad geklaut. Aber das ist gar nichts gegen das, was sie mit Charlys Rad gemacht haben!“

Frau Kamprath nickte. „Wo ist das Fahrrad jetzt?“

„Es steht noch im Fahrradkeller“, sagte Charlys Mutter. „Charly hat es am Freitag einfach stehen gelassen.“

„Ich sehe es mir gleich mal an“, sagte Frau Kamprath und wandte sich wieder an Charly und Jonne. „Habe ich das richtig verstanden, dass es Mari, Lara, Lars und Marcel sind, von denen diese Aktionen ausgehen?“

„Vor allem Mari“, sagte Charly. „Sie hasst mich.“

Frau Kamprath zog die Augenbrauen hoch. „Hast du eine Vorstellung, warum? Hattet ihr Streit?“

„Nein.“ Charly schüttelte den Kopf. „Ich weiß es nicht. Letztes Jahr waren wir noch befreundet, aber als Lara dann in die Klasse kam, ging das so langsam los, und plötzlich wollte keiner mehr was mit mir zu tun haben.“

„Die haben alle Angst vor Mari“, sagte Jonne. „Es haben ja alle mitgekriegt, wie gemein sie sein kann, und das wollte natürlich keiner selbst erleben. Ich habe im Vergleich zu Charly nur ganz wenig abgekriegt, aber ehrlich, das war so ein Scheißgefühl, das ...“ Als er Frau Kampraths tadelnden Blick bemerkte, korrigierte er sich schnell: „Also, ich meine, das war sehr unangenehm. Ich habe mich wie ein Zombie gefühlt, so ... so ... na ja ...“, er sah Frau Kamprath fest an, „wie ein Stück Mist. Ehrlich, total mies.“

Frau Kamprath nickte und wandte sich an Jonnes Vater und Charlys Mutter. „Wenn das alles so ist, wie die beiden sagen – und ich habe keinen Grund, an ihrer Ehrlichkeit zu zweifeln –, dann haben wir es hier mit einem eindeutigen Fall von Mobbing zu tun. Es tut mir außerordentlich leid, Frau Jassen, dass es nicht eher bemerkt wurde und ihre Tochter so lange darunter leiden musste. Aber wissen Sie, es ist für meine Kolleginnen und Kollegen nicht immer einfach, solche Verhaltensweisen zu erkennen …“

Jonne unterbrach sie: „Nee, das meiste konnten die gar nicht merken, das lief ja alles so im Untergrund ab. Aber manchmal ..."

Frau Kamprath unterbrach Jonne. „Wir bemühen uns wirklich, in der Lehrerschaft durch Fortbildungen ein Bewusstsein für solche Vorfälle zu schaffen, doch wie Jonne schon sagt, häufig sind die Lehrer die Letzten, die etwas davon mitbekommen. Wenn so ein Verhalten in einer Klasse auftritt, herrscht schnell eine Atmosphäre von allgemeiner Angst, und hinzukommt, dass die meisten Schüler auch deswegen nichts sagen, weil sie befürchten, als ‚Petzen' dazustehen."

„Und was werden Sie jetzt unternehmen?", fragte Jonnes Vater, der bislang geschwiegen hatte.

„Es wird eine Reihe von Maßnahmen geben", sagte Frau Kamprath. „Als Erstes werde ich natürlich die Klassenlehrerin informieren, dann mit den betroffenen Schülerinnen und Schülern sprechen und natürlich auch mit deren Eltern. In diese Gespräche werde ich Frau Assmann, unsere Sozialpädagogin, einbinden, die dann, wenn die Sachlage klar ist, Gespräche mit der gesamten Klasse führen wird. Häufig lösen sich solche Situationen relativ rasch, wenn sie erst einmal zur Sprache gebracht sind. Damit ist den Tätern oft schon der Wind aus den Segeln genommen. Wenn wir aber sehen, dass das nicht reicht, werden wir ein Sozialtrainingsprojekt in der Klasse durchführen, damit hatten wir vor Jahren in einem ähnlichen Fall schon einmal großen Erfolg."

Charlys Mutter nickte nachdenklich. „Das klingt ja alles ganz vernünftig. Aber wann werden sie mit Mari und den anderen reden? Ich habe ein bisschen Angst, dass Charly noch mehr schikaniert wird, insbesondere wenn herauskommt, dass wir mit Ihnen gesprochen haben. Am liebsten würde ich sie gar nicht mehr in die Klasse zurückgehen lassen."

„Ach, Mama", sagte Charly. „Wenn ich jetzt zu Hause bleibe, mache ich mich doch erst recht lächerlich! Dann denken alle, dass ich Angst vor denen habe."

„Charly, eins wollen wir einmal klarstellen: Du machst dich überhaupt nicht lächerlich", sagte Frau Kamprath. „Im Gegenteil, ich finde, du warst ausgesprochen tapfer, dass du das alles so lange ausgehalten hast. Und ich bin überzeugt, es gibt viele Mitschülerinnen und Mitschüler in deiner Klasse, die das genauso sehen."

„Das glaube ich eigentlich auch", sagte Jonne. „Da sind schon ein paar, die eigentlich ganz vernünftig sind, aber die haben sich eben auch nicht getraut, gegen Mari aufzumucken."

„Nun gut, das werden wir sehen", sagte Frau Kamprath und schaute auf ihre Armbanduhr. „Ich habe in einer halben Stunde einen Termin im Schulamt, aber ich werde es auf jeden Fall schaffen, noch vor Unterrichtsschluss mit den betreffenden Schülern zu sprechen. Und jetzt", und damit stand sie auf, „würde ich mir gern noch dein Fahrrad ansehen, Charly."

Sie gingen alle zusammen durch das stille Schulgebäude in den Fahrradkeller. Jetzt musste die dritte Stunde sein, überlegte Jonne, da hatte ihre Klasse Sport. Als sie den düster erleuchteten Keller betraten, ging Charly voran. Ihr Rad stand noch dort, wo sie es am Freitag abgestellt hatte, allerdings klebte jetzt ein Zettel am Lenker. Charly zog ihn ab, warf einen kurzen Blick darauf und reichte ihn dann mit hochrotem Kopf an Frau Kamprath weiter.

Jonne drängelte sich an seinem Vater vorbei, um zu sehen, was da stand. *Hallo, Schlampenschlunze, willst du dein dreckiges Rad hier ewig stehen lassen? Der ganze Keller stinkt schon nach dir!*, las er. „Das ist genau dieselbe Schrift wie auf dem Zettel neulich in meinem Mathebuch", sagte er.

Frau Kamprath faltete den Zettel sorgfältig und steckte ihn ein. Sie hatte die Lippen zusammengekniffen und sah gar nicht mehr freundlich aus. „Ich werde der Sache zügig nachgehen, Frau Jassen, darauf können Sie sich verlassen."

„Und was machen wir jetzt mit dem Rad?", fragte Charly. „Wie soll ich das denn nach Hause kriegen?"

„Wir holen es heute Nachmittag mit dem Auto ab", antwortete ihre Mutter.

„Ja, tun Sie das", sagte Frau Kamprath. „Vorher werde ich allerdings unseren Hausmeister bitten, noch Fotos zu machen." Sie drehte sich um, als sie Schritte hinter sich hörte. „Ach, da kommt er ja gerade! Darf ich vorstellen, das ist Herr Hofer."

Der Hausmeister, ein kleiner rundlicher Mann mit grauem Stoppelputz, nickte kurz in die Runde. „Ich hab Sie hier reingehen sehen, Frau Kamprath, da dachte ich mir schon, dass es um das Rad hier geht. Ich hab's erst heute Morgen entdeckt. Also, das ist ja 'n Ding, so was hatten wir hier ja noch nie! Die Reifen aufgeschlitzt, nee, wirklich, ich dachte, ich trau meinen Augen nicht, als ich das sah! Aber ich sag Ihnen was, ich hab da so einen Verdacht, wer das gewesen sein könnte. Ist mir erst heute Morgen wieder eingefallen. Am Freitag hab ich mir da weiter keine Gedanken gemacht, als ich die Mädchen aus dem Keller kommen sah, aber dann, als ich das mit dem Rad entdeckt hatte, hab ich mir eins und eins zusammengezählt."

„Aha", sagte Frau Kamprath, „und was ist dabei herausgekommen?"

Herr Hofer kratzte sich hinter dem Ohr. „Na ja, das könnten die gewesen sein. Wie gesagt, ich hab sie am Freitag aus dem Keller kommen sehen und hab mich noch gewundert, weil es doch schon zur Stunde geklingelt hatte und die ja um die Zeit da auch gar nichts verloren hatten und ..."

„Wann war das denn?", unterbrach ihn Frau Kamprath.

„Am Anfang der sechsten Stunde. Ich wollte gerade raus auf den Hof, da ist doch die kaputte Bank, die wollte ich ..."

„Und wen haben Sie denn nun gesehen?", erkundigte sich Frau Kamprath. Jonne wunderte sich darüber, wie geduldig sie blieb, er hätte den Hausmeister am liebsten geschüttelt, damit er endlich zur Sache kam.

„Ach, habe ich das nicht gesagt?“, fragte Herr Hofer überrascht. „Na, diese Große mit den langen blonden Haaren aus der Klasse von Frau Bellmann. Und ihre Freundin, mit der sie immer zusammen ist, die mit den kurzen Röcken. Also, wirklich, wie die immer rumläuft, da sollten Sie auch mal was sagen, Frau Kamprath, das tut dem Ruf unserer Schule nicht gut, wenn schon die Sechstklässlerinnen so rumlaufen wie …“

Diesmal unterbrach Frau Kamprath ihn ziemlich hastig. „Und sonst war niemand dabei?“

„Doch, doch, dieser Dicke, der geht auch mit denen in eine Klasse. Der kauft jede Pause bei mir ein, immer nur Süßigkeiten, kein Wunder, dass der so …“

„Herr Hofer, ich danke Ihnen“, sagte Frau Kamprath energisch. „Sie haben uns sehr geholfen. Es ist schön, dass Sie die Augen offen halten.“ Damit wandte sie sich zum Gehen und die anderen folgten ihr.

„Aber das ist doch selbstverständlich, Frau Kamprath“, rief Herr Hofer hinter ihnen her. „Ich tu, was ich kann, das wissen Sie doch!“

Als sie wieder in der Eingangshalle ankamen, reichte Frau Kamprath Charlys Mutter und Jonnes Vater die Hand. „Ich danke Ihnen, dass Sie gekommen sind. Ich verspreche Ihnen, die Angelegenheit unverzüglich zu klären, und melde mich bei Ihnen, Frau Jassen.“ Dann sah sie Charly und Jonne an. „Was ist mit euch? Wollt ihr nicht doch nach Hause gehen?“

„Nein, wir bleiben“, sagte Jonne. Er wollte auf keinen Fall den Anblick von Mari und Lara verpassen, wenn sie von dem Gespräch mit Frau Kamprath zurückkamen. Außerdem hatte Charly vorhin schon gesagt, dass sie noch in den Unterricht gehen wollte, also war es wohl besser, wenn er in ihrer Nähe blieb.

Frau Kamprath nickte zustimmend und eilte zurück in ihr Büro.

„Na, das lief doch ganz gut“, sagte Charlys Mutter und strich Charly den Pony aus dem Gesicht. „Ich hoffe, damit hat diese Quälerei nun schnell ein Ende für dich.“

„Ich denke, diese Frau Kamprath wird das schon regeln“, meinte Jonnes Vater. „Sie macht einen sehr resoluten Eindruck auf mich. – So, und was ist nun mit euch beiden? Bleibt es bei unserer Verabredung zum Mittagessen?“

„Na klar“, sagte Jonne. „Wir müssen doch an unserem Referat weiterarbeiten.“

„Sie sind natürlich auch herzlich eingeladen“, sagte Jonnes Vater zu Charlys Mutter.

Die schüttelte lächelnd den Kopf. „Das klingt zwar verlockend, aber ich muss mich um die Kleinen kümmern. Lukas kommt gleich aus der Schule und die Zwillinge habe ich heute Vormittag bei einer Freundin untergebracht. Es wird Zeit, dass ich sie von ihnen erlöse!“

„Dann fahre ich Sie aber eben noch nach Hause“, sagte Jonnes Vater und winkte Charly und Jonne zu. „Bis nachher, ihr zwei! Haltet euch tapfer!“

14. Kapitel

Zu Jonnes Verwunderung gab niemand einen blöden Kommentar ab, als Charly und er vor der Englischstunde den Klassenraum betraten, während die anderen Schüler nach und nach vom Sportunterricht eintrudelten. Überhaupt herrschte eine sonderbare, angespannte Atmosphäre in der Klasse, nur wenige Schüler unterhielten sich leise, es war kein Lachen zu hören und alle setzten sich gleich auf ihre Plätze, anstatt sich wie sonst in Grüppchen auf die Tische zu hocken.

Zu Jonnes Überraschung wechselte Eric seinen Platz und setzte sich neben ihn. „Was ist denn hier los?“, fragte Jonne leise. „Hat es Zoff gegeben?“

„Noch nicht.“ Eric grinste. „Aber das wird ja wohl noch kommen, was? Ihr wart mit euren Eltern bei Frau Kamprath, Charly und du, stimmt’s?“

Jonne nickte. „Woher weißt du das?“

„Sören musste in der zweiten Stunden Kreide vom Hausmeister holen, da hat er euch ins Büro gehen sehen. Und jetzt haben hier einige ganz schön Schiss. Geschieht ihnen aber auch recht, wurde ja Zeit, dass mal jemand was sagt.“ Eric sah sehr zufrieden aus.

Und warum hast du dann nie etwas gesagt?, hätte Jonne gern gefragt, doch da betrat Frau Bellmann den Raum. Sie sah ernst und etwas verstört aus. Anscheinend hatte Frau Kamprath sie in der kleinen Pause noch erwischt und mit ihr gesprochen.

„Mari, Lara und Lars, ihr möchtet bitte zu Beginn der sechsten Stunde zu Frau Kamprath ins Büro kommen“, sagte Frau Bellmann und fuhr dann, ohne sich mit einer Begrüßung aufzuhalten, fort: „Und jetzt nehmt bitte eure Bücher heraus, ich werde heute Lesenoten notieren.“

Jonne blickte zu Mari und Lara hinüber. Die beiden saßen mit versteinerten Gesichtern da und machten keine Anstalten, ihre Bücher auszupacken. Erst als Frau Bellmann sie ein zweites Mal dazu auffordertee, reagierten sie. Dabei sahen sie einander ängstlich an, keine Spur mehr von ihrem üblichen selbstsicheren Grinsen.

Die Stunde verging ungewöhnlich ruhig, und als es klingelte, fragte Eric Jonne, ob er Lust zu einer Runde Billard habe. „Komm doch auch mit“, forderte er Charly auf.

„Aber ich kann das doch gar nicht“, sagte sie ebenso überrascht wie schüchtern.

„Wir bringen es dir bei, es ist gar nicht so schwer“, sagte Eric.

„Ich bin doch viel zu klein, ich kann mich gar nicht so weit über den Tisch beugen wie ihr“, meinte Charly unsicher.

„Quatsch, du bist doch nur einen halben Kopf kleiner als ich“, erwiderte Jonne, „so viel macht das nicht aus.“

Charly richtete sich auf und stellte sich vor ihn hin. „Du hast recht!“, sagte sie verblüfft. „Irgendwie dachte ich, der Unterschied wäre viel größer.“

Jonne schüttelte verwundert den Kopf. Was für ein Bild hatte Charly nur von sich selbst? Zu klein, zu kindlich ... am Ende dachte sie auch noch, sie sei hässlich, und versteckte sich deswegen immer hinter ihrem blöden Pony.

Charly stellte sich beim Billardspielen ausgesprochen geschickt an, offensichtlich fiel es ihr ganz leicht, den richtigen Winkel abzuschätzen, aus dem sie eine Kugel anstoßen musste.

„Gib's zu, du hast schon mal Billard gespielt, das ist nicht das erste Mal", sagte Eric anerkennend.

„Na ja, vor einem Jahr hab ich es schon mal versucht, bei einem Onkel von mir, der einen Billardtisch hat. Aber da war ich wirklich noch zu klein", fügte sie lachend hinzu und strich sich die Haare aus dem Gesicht.

Auch die nächsten beiden Unterrichtsstunden verliefen ungewöhnlich ruhig, niemand wagte, irgendwelchen Blödsinn zu machen oder auch nur mit dem Nachbarn zu tuscheln. Als dann auch noch in der sechsten Stunde Maris, Laras und Lars' Plätze leer blieben, kam es Jonne vor, als könnte man das allgemeine Unbehagen, das in der Luft hing, mit Händen greifen.

Außer Eric und den Physikern sagte nach Unterrichtsschluss niemand Tschüss zu Charly und Jonne, doch immerhin fing Jonne ein unsicheres Lächeln von Vanessa auf, als sie an ihnen vorbeiging.

Sie holten Jonnes Fahrrad und er klemmte ihre beiden Schultaschen auf den Gepäckträger. Gerade als sie das Schulgrundstück verließen, sahen sie einen silbergrauen Mercedes mit abgetönten Scheiben auf den Parkplatz einbiegen.

„Wow, ich glaube, das sind Maris Eltern, die haben so ein Auto“, sagte Charly atemlos.

„Na, die kann sich auf was gefasst machen“, meinte Jonne. „Ich habe heute ihren Vater kennengelernt.“ Er deutete zur Erklärung auf sein Auge, das wieder juckte und sicher noch gerötet war. „Das ist vielleicht ein Spinner! Und knallhart, bei dem hat Mari bestimmt nichts zu lachen. Der macht sich jetzt schon Sorgen um Maris Abi-Noten und er hat erzählt, dass sie jeden Tag stundenlang an ihren Hausaufgaben sitzt. Wahrscheinlich, weil er mit der Peitsche dahinter steht!“

Charly sah ihn aus großen Augen an. „Echt, so schlimm?“

„Schlimmer! Ich glaube, der setzt Mari voll unter Druck, weil sie nämlich mal seine Praxis übernehmen soll.“

Charly ging schweigend neben Jonne her, anscheinend tief in Gedanken versunken.

„Hey, was ist?“, fragte er, als sie fast bei ihm zu Hause angekommen waren. „Du sagst ja gar nichts mehr.“

Charly blieb stehen. „Wenn das wirklich so ist, wie du sagst“, meinte sie zögernd, „dann wird mir, glaube ich, einiges klarer. Weißt du, der ganze Ärger fing nämlich eigentlich schon zu Beginn der letzten Sommerferien an. Da wollte Mari plötzlich nicht mehr, dass ich sie besuchen komme, und in den ganzen Ferien hat sie sich auch nicht im Schwimmbad blicken lassen und gar nichts. Vielleicht hat sie da schon totalen Ärger mit ihren Eltern gehabt, weil sie nämlich kein besonders gutes Zeugnis hatte. Wahrscheinlich hatte sie Angst, dass ihre Eltern mich fragen würden, wie mein Zeugnis war. Und später, als die Schule wieder anfing, hat sie ein paar Mathearbeiten verhauen und in den anderen Fächern war sie auch nicht so gut. Wenn ich es mir richtig überlege, ging das da alles los, dass sie immer auf mir herumgehackt hat." Charly sah Jonne fragend an. „Was meinst du, kann das sein, dass sie einfach nur neidisch ist und sauer auf mich, weil ich immer ganz gute Noten kriege?"

Jonne nickte. „Das könnte ich mir vorstellen. Weißt du, der Frank, dieser Psychologe, der bei uns im Haus wohnt, hat neulich gemeint, dass Leute, die andere so fertigmachen, selber die größten Probleme haben." Er dachte einen Moment lang nach, um sich genau zu erinnern, was Frank in diesem Zusammenhang noch gesagt hatte. Es hatte ziemlich kompliziert geklungen. „Er hat gesagt, dass es Menschen, die sich selbst minderwertig fühlen, guttut, wenn sie andere runtermachen können, damit sie sich selbst dann größer fühlen. Oder so ähnlich jedenfalls."

Charly machte immer noch keine Anstalten weiterzugehen. Sie stand wie festgewachsen auf dem Bürgersteig, blickte gedankenverloren vor sich hin und schien gar nicht zu bemerken, dass die anderen Passanten einen Bogen um sie beide machen mussten.

„Und dann hat Frank noch was gesagt", fiel Jonne ein. „Nämlich dass es eigentlich ganz egal und oft irgendwie zufällig ist, wen sie sich als Opfer ausgucken, Hauptsache, sie können sich überlegen fühlen."

Charly schüttelte den Kopf, wie in Zeitlupe. Ihre Augen blickten immer noch ins Leere. „Ich glaube nicht, dass es Zufall ist, dass Mari gerade mich ausgesucht hat“, sagte sie schließlich. Sie blinzelte, als müsse sie wieder einen klaren Blick bekommen, dann sah sie Jonne direkt an. „Weißt du, mir fällt das alles erst jetzt so richtig auf! Als wir zusammen in die Fünfte kamen, haben Mari und ich oft zusammen bei ihr zu Hause Schularbeiten gemacht, weil bei uns alles so hektisch war. Die Zwillinge waren gerade geboren und ich hatte nie Ruhe. Also bin ich nachmittags oft zu Mari gegangen. Und ihre Mutter hat mich ihr gegenüber immer als leuchtendes Beispiel dargestellt, wie sauber ich schreibe und wie ordentlich meine Mappen sind und all so was. Ich fand das ganz schön peinlich und irgendwie auch gemein von Maris Mutter. Ist ja klar, dass Mari da irgendwann angefangen hat, mich zu hassen!“

Auch für Jonne passte plötzlich immer mehr zusammen. Das ganze Theater zum Beispiel, das Mari gemacht hatte, als sie mit Charly zusammenarbeiten sollte. Wahrscheinlich hatte sie da Angst gehabt, dass Charly dann zu ihr nach Hause kommen müsste und Maris Mutter wieder anfing, Vergleiche anzustellen. Und dann Charlys guter Aufsatz neulich, den Frau Bellmann auch noch vor der ganzen Klasse vorgelesen hatte!

Plötzlich lachte Jonne auf. „Siehst du, Charly, es liegt alles gar nicht daran, dass du so ‚unreif‘ und ‚kindisch‘ bist und was du alles meinst, sondern daran, dass du so *gut* bist!“

Charly zog eine Grimasse. „Dann ist es vielleicht besser, wenn ich nicht mehr so gut in der Schule bin."

„Spinnst du? Das meinst du ja wohl nicht ernst! Dann wäre es Mari ja wirklich gelungen, dich fertigzumachen, das wollen wir ihr ja wohl nicht gönnen, oder?"

„Nee", sagte Charly gedehnt, „das wollen wir wohl nicht."

„Na also, und nun komm!" Jonne zog sie am Arm. „Oder willst du hier Wurzeln schlagen? Ich hab mordsmäßigen Hunger!"

„Mann, ja, ich auch!", sagte Charly. „Komisch, hab ich sonst nie nach der Schule."

Nach dem Mittagessen – es hatte die von Jonne geliebte Gemüsepfanne mit Fleischbällchen gegeben und Charly und er hatten kräftig zugelangt – fiel ihnen ein, dass die Bücher, die sie zur Vorbereitung ihres Referats brauchten, noch bei Charly lagen.

„Dann müssen wir eben doch wieder bei euch arbeiten", sagte Jonne.

Diesmal war Charly sofort einverstanden. Sie setzten sich wieder in den Wintergarten und heute mussten sie sich auch nicht nebenbei noch um Lukas kümmern. Er spielte mit einem Freund im Garten und die Zwillinge machten noch ihren Mittagsschlaf. Auch Charlys Mutter hatte sich etwas hingelegt. „Ich habe in der letzten Nacht wenig geschlafen und nach all den Aufregungen heute Vormittag ... da brauche ich mal ein Stündchen Ruhe", hatte sie erklärt.

Charly und Jonne waren bald völlig in ihre Arbeit vertieft, und sie sahen überrascht auf, als Charlys Mutter den Raum betrat und zwei Becher Kakao und einen Teller mit Keksen auf den kleinen Tisch stellte.

„Hast du schon ausgeschlafen?“, fragte Charly besorgt.

Ihre Mutter lächelte. „Aber schon lange! Und wisst ihr was? Eben hat Maris Mutter angerufen.“

„Und?“ Charly sah angespannt zu ihr auf. „Was hat sie gesagt?“

„Na ja, es war ihr offensichtlich alles sehr peinlich und unangenehm, und sie hat gesagt, dass sie die Rechnung für deine Fahrradreparatur selbstverständlich übernehmen wird.“

„Wow!“ Jonne strahlte Charly an. „Dann heißt das, dass Mari zugegeben hat, dass sie das war!“ Er wandte sich wieder an Charlys Mutter. „Hat sie die anderen Sachen auch gestanden?“

Charlys Mutter nickte. „Ich glaube schon. Ihre Mutter hat sich jedenfalls ziemlich umständlich entschuldigt für ‚alle Gemeinheiten‘, die Mari Charly zugefügt hat, wie sie es ausgedrückt hat. Ich nehme an, Frau Kamprath hat kein Blatt vor den Mund genommen und Maris Eltern keine Einzelheiten erspart.“

„Das geschieht Mari recht“, sagte Jonne zufrieden. „Ich finde, die sollte sich jetzt auch entschuldigen.“

„Ach“, Charly winkte ab. „Ich bin schon zufrieden, wenn sie mich in Ruhe lässt. Außerdem“, sie spielte unschlüssig mit einer Haarsträhne, „ich weiß gar nicht, ob ich das will. Ich kann doch nicht sagen, dass ich ihre Entschuldigung annehme und ihr verzeihe und dass jetzt alles okay ist. Das bringe ich echt nicht über mich."

„Nein, das verlangt auch niemand von dir", sagte ihre Mutter und strich ihr das Haar aus der Stirn. „Können wir jetzt weiter arbeiten?", fragte Charly ungeduldig. „Wir haben noch richtig viel zu tun!"

15. Kapitel

Frau Bellmann verlor am nächsten Tag kein Wort über die Vorkommnisse der letzten Tage, Wochen und Monate. Typisch, dachte Jonne. Er war sich sicher, dass sie manchmal durchaus bemerkt hatte, dass in ihrer Klasse etwas ganz und gar nicht stimmte, aber sie kam einfach nicht damit klar. Also tat sie einfach so, als wäre nichts.

Frau Kamprath war da zum Glück anders. Die hatte die Sache sofort in die Hand genommen und sich darum gekümmert, dass etwas passierte, denn im Laufe des Vormittags wurden nach und nach einzelne Schüler aus dem Unterricht geholt, um mit Frau Assmann, der Sozialpädagogin, zu sprechen.

Jonne hatte bisher noch nie etwas mit ihr zu tun gehabt, aber er fand sie sehr nett. Sie war noch jung, höchstens dreißig, schätzte er, und man konnte sich ganz ungezwungen mit ihr unterhalten. Es machte auch nichts, wenn einem einmal das Wörtchen Scheiße herausrutschte, dann grinste sie bloß.

Anscheinend hatte sie sich den ganzen Vormittag nur für die Klasse 6b Zeit genommen, denn sie redete lange mit jedem Einzelnen, nicht nur mit Charly und Jonne, mit Mari, Lara, Lars und Marcel, sondern auch mit den anderen aus der Klasse. Und seltsam, jeder, der von dem Gespräch zurückkam, wirkte ein bisschen erleichtert. Nur Mari und Lara nicht, sie blieben bedrückt und kleinlaut. Auch Lars zog sich einfach still auf seinen Platz zurück und sagte kein Wort.

In den nächsten Tagen war es ruhig in der Klasse. Die Schülerinnen und Schüler blieben in kleinen Grüppchen zusammen, Vanessa mit Michelle, Charly mit Jonne und Eric. Mari und Lara hielten sich von den anderen fern, und Marcel schloss sich immer häufiger Sören und Darian an. Die Physiker blieben wie immer unter sich. Ballspiele in großer Runde gab es

nicht mehr. Charly, Jonne und Eric spielten fast in jeder Pause Billard, denn jetzt, da das Wetter besser geworden und es draußen wärmer war, hielten sich die meisten Schüler in den Pausen auf dem Schulhof auf, sodass es nicht schwer war, einen Tisch zu ergattern.

Ein paar Tage, nachdem sie die vielen Gespräche geführt hatte, gesellte sich in einer Pause Frau Assmann zu den dreien. „Na, wie läuft es denn jetzt so in eurer Klasse?“, fragte sie.

„Ganz gut“, sagte Charly. „Jedenfalls lassen mich jetzt alle in Ruhe.“

„Aber irgendwie ist noch alles komisch“, meinte Jonne. „So als wären wir gar keine richtige Klasse mehr. Jeder redet nur noch mit seinen engsten Freunden.“

Frau Assmann nickte. „Ja, das hatte ich mir gedacht. Das ist auch ganz normal, dass ihr euch nach so einer Geschichte wieder neu finden müsst und euch gegenseitig erst einmal beschnuppert. Ihr müsst schließlich ganz neu ausloten, mit wem ihr wieder mehr zu tun haben wollt und mit wem nicht. So etwas braucht seine Zeit. Und glaubt nicht, dass es nur euch beiden so geht, das betrifft alle anderen auch.“

„Sie meinen, weil da außer Mari und Lara noch einige sind, die sich auch schämen, weil sie irgendwie so halb mitgemacht haben?“, fragte Jonne.

Wieder nickte Frau Assmann. „Genau, das meine ich. Jeder in der Klasse muss jetzt ein bisschen über sich nachdenken und sich damit auseinandersetzen, wie er sich in den letzten Monaten verhalten hat.“

Charly sah die Sozialpädagogin nachdenklich an. „Kann ich demnächst noch mal zu Ihnen kommen, Frau Assmann? Ich möchte noch mal mit Ihnen reden."

„Aber klar! Wenn du Zeit hast, komm gleich heute nach dem Unterricht. Passt dir das?"

„Ja, super! Ich muss nur meine Mutter anrufen und sagen, dass ich später komme."

„Das kannst du dann gern von meinem Büro aus tun", sagte Frau Assmann und wandte sich zum Gehen. „Bis dann, Charly!"

„Worüber willst du denn mit ihr reden?", fragte Jonne neugierig, als sie nach dem Klingeln zurück in den Unterricht gingen.

„Das erzähle ich dir später", sagte Charly. „Es ist mir gerade erst eingefallen bei dem, was sie gesagt hat."

Damit musste Jonne sich erst einmal zufrieden geben.

Der Nachmittag kam Jonne ungewöhnlich lang vor. Er war nach der Schule allein nach Hause geradelt, hatte sich eine Tomatensuppe aus der Dose aufgewärmt – zu mehr reichte seine Energie nicht, und außerdem würde er am Abend mit seinem Vater kochen–, anschließend hatte er seine Hausaufgaben gemacht und ein bisschen gelesen. Dann hatte er sich gelangweilt. Bastian war mit einem Freund aus seiner Klasse verabredet, und Jonne stellte fest, dass er heute ein sehr einsamer Wolf war. Eric hatte natürlich Fußballtraining, und Jonne fiel niemand sonst ein, mit dem er sich hätte treffen können. Vor einiger Zeit noch hätte er darüber nachgedacht, Sören oder Darian anzurufen, die waren ja eigentlich ganz in Ordnung, aber jetzt schien ihm das irgendwie unpassend.

Außerdem – am liebsten wollte er Charly sehen. Im Stillen hatte er gehofft, dass sie ihn anrufen würde, um ihm von ihrem Gespräch mit Frau Assmann zu erzählen, aber jetzt war es schon halb fünf, und sie hatte sich nicht gerührt. Am Ende wollte sie gar nicht so viel mit ihm zu tun haben wie er mit ihr? Und dabei hatte er gedacht, sie wären inzwischen Freunde. Vielleicht aber war er nicht mehr als eine Art Arbeitskollege für sie, den sie nur deswegen auch nachmittags manchmal sah, weil sie zusammen dieses Referat machen mussten?

Na gut, dachte er, nachdem er fast eine halbe Stunde darüber gegrübelt hatte, dann rief er sie eben als Arbeitskollege an. Er konnte ja einfach behaupten, dass er heute Abend unbedingt noch den Pyramidenquerschnitt aus ihrem Buch über die Pharaonen abzeichnen wollte, und fragen, ob er eben zu ihr kommen könne, um es sich auszuleihen.

„Ach, Jonne, du entwickelst dich noch zu einem richtigen Streber“, sagte sie lachend, als er sie am Apparat hatte. „Wir haben doch noch genug Zeit mit dem Referat! Komm lieber mit mir ein Eis essen, ich lade dich ein. Du hast sowieso eine Menge gut bei mir.“

Wow! Also doch kein Arbeitskollege! „Was habe ich denn gut bei dir?“, fragte Jonne.

„Das erzähle ich dir gleich. Holst du mich ab?“

Noch mal wow! Das war ja wie ein richtiges Date! Jonne flitzte ins Bad, kämmte sich die Haare, die mal wieder nach allen Seiten abstanden, benutzte das Deo seines Vaters und zog sich ein frisches, weißes T-Shirt an. Und Geld steckte er auch ein, für alle Fälle, falls Charly nach dem Eis noch einen Milchshake wollte.

„Was wolltest du mir erzählen?“, fragte Jonne, als sie zwanzig Minuten später in der Spätnachmittagssonne vor der Eisdiele saßen, jeder einen Erdbeerbecher vor sich.

„Ich wollte dir von dem Gespräch mit Frau Assmann erzählen“, sagte Charly. „Am liebsten hätte ich dich gleich hinterher angerufen, aber ich wusste nicht, ob du Zeit hast.“

„Du hättest mich doch fragen können.“

„Ja ... na ja ... schon, aber ...“ Charlys Gesicht war fast so rot wie die Erdbeere, die sie gerade in den Mund steckte. „Ich wollte mich nicht aufdrängen.“

Jonne befürchtete, dass auch er rot angelaufen war, und wechselte lieber das Thema. „Also, was war nun mit Frau Assmann?“

Charly legte den Löffel aus der Hand und sah Jonne aufgeregt an. „Sie hat doch gesagt, dass alle in der Klasse darüber nachdenken müssen, wie sie sich in den letzten Monaten verhalten haben. Und da habe ich gemerkt, dass ich das auch die ganze Zeit tue und dabei keinen Schritt weitergekommen bin. Weil, weißt du, jetzt ist die ganze schreckliche Sache schlagartig vorbei, so auf einmal, nur weil du etwas gesagt hast. Da frage ich mich natürlich, warum ich so feige war und nie jemandem davon erzählt habe. Wenn ich das gleich getan hätte, wäre wahrscheinlich alles nie so schlimm geworden." Sie nahm ihren Löffel wieder auf und seufzte. „Und ich hätte mir eine Menge Kummer erspart!"

„Tja, das stimmt schon, aber ..." Jonne wusste nicht recht, was er sagen sollte. Irgendwie verstand er auch, dass Charly nichts gesagt hatte. Wenn er an diesem Freitag, als er von allen geschnitten worden war, nicht so wütend wegen der Fahrräder gewesen wäre, hätte er vielleicht auch nichts gesagt. Es war schließlich nicht leicht, jemandem zu erzählen, dass einen alle anderen in der Klasse hassten.

„Frau Assmann hat mir das ganz gut erklärt", fuhr Charly fort, nachdem sie einen großen Löffel Eis langsam auf der Zunge hatte zergehen lassen. „Sie hat gesagt, dass das eine ganz typische und normale Reaktion ist, wenn man gemobbt wird. Dass man sich dann schämt und es vor allem zuerst gar nicht richtig wahrhaben will und nicht glauben kann, was einem da passiert. Und, Jonne, genau so war das bei mir! Zu Anfang, als Mari so komisch wurde, habe ich gedacht, dass das einfach wieder vorbeigeht, dass sie bloß mal schlecht drauf ist, und dann, als es immer weiterging, da habe ich überlegt, ob ich mir das nicht nur einbilde, dass plötzlich alle gegen mich sind. Und irgendwie habe ich es dann weggeschoben und versucht, erst mal so zu tun, als wäre nichts. Und darum ist es immer, immer heftiger geworden, und irgendwann war es dann schon so furchtbar, dass ich mit niemandem mehr darüber reden konnte."

„Mann", sagte Jonne beeindruckt, „das hast du alles so für dich rausgekriegt?"

„Nee." Charly steckte wieder einen Löffel Eis in den Mund und es dauerte ein Weilchen, bevor sie antworten konnte. „Frau Assmann hat mir erzählt, wie so etwas meistens abläuft, und da habe ich gemerkt, dass es bei mir so ähnlich war."

„Und jetzt fühlst du dich nicht mehr feige?"

„Nee", sagte Charly wieder. „Jetzt fühle ich mich normal. Weil ich anscheinend genau so reagiert habe wie die allermeisten Leute in solchen Situationen. Das ist doch gut, oder?" Sie löffelte weiter von ihrem Eis. „Und weißt du, was Frau Assmann noch gesagt hat? Das war das Beste! Sie hat gesagt, dass jeder ein Mobbingopfer werden kann, wirklich jeder! Dass es *gar nichts* mit mir zu tun hat und ich nicht denken müsste, ich hätte Probleme. Sie hat gesagt, dass Mari und Lara Probleme haben, nicht *ich*!"

„Das habe ich dir doch auch schon gesagt", meinte Jonne schmollend. „Aber mir hast du das nicht geglaubt."

Charly grinste nur. „Frau Assmann ist ja auch ein Profi."

„Aber ich habe dir doch auch gesagt, dass ich das von Frank weiß. Und der ist schließlich Psychologe.

Der ist in solchen Dingen noch viel mehr Profi als Frau Assmann!“

„Kann sein.“ Charly wischte sich einen Klecks Sahne aus dem Mundwinkel und zuckte mit den Schultern. „Aber als Frau Assmann das gesagt hat, war ich dabei!“

Jonne sah sie einen Moment lang verständnislos an. Doch dann dämmerte es ihm. Klar, ja, Charly hatte mit Frau Assmann über sich *selbst* geredet, vorher war das alles nur so theoretisches Zeug gewesen. Genauso wie er erst eine Ahnung davon bekommen hatte, wie Charly sich in ihrer Außenseiterrolle gefühlt haben musste, als er am eigenen Leib erfahren hatte, wie das war.

Es schien Charly nicht zu stören, dass er nicht antwortete, denn sie fuhr munter fort: „Außerdem hat Frau Assmann gesagt, dass sie demnächst ein Theaterprojekt mit uns machen will, also, mit der ganzen Klasse. Eine Woche lang, stell dir das mal vor! Statt Unterricht!“

„Echt? Und warum?“

„Sie meinte, dass uns das helfen würde, wieder zusammenzufinden und eine richtige Klassengemeinschaft zu werden.“

„Hm.“ Jonne schob nachdenklich die letzten Erdbeeren in seinem Eisschälchen hin und her. „Kannst du dir denn vorstellen, dass das jemals wieder so richtig gut wird in unserer Klasse?“

Charly zuckte mit den Schultern. „Keine Ahnung. Für mich ist es jetzt jedenfalls schon mal besser als vorher. Das reicht mir eigentlich fürs Erste. Trotzdem, zu so einem Theaterprojekt hätte ich Lust, das macht bestimmt Spaß."

Jonne sah Charly erstaunt an. Dass sie sich darauf freute, gemeinsam etwas mit denen zu unternehmen, die so mies zu ihr gewesen waren, fand er beachtlich. „Du bist ziemlich taff, weißt du das?", sagte er.

Charly errötete. „Meinst du?"

„Ja", sagte Jonne mit Nachdruck, „das meine ich! Was ist, magst du noch einen Milchshake?"

„Nein, vielen Dank, aber ich bin vollkommen satt. Da geht gar nichts mehr!" Sie legte die Hand auf den Magen, lehnte sich in ihrem Stuhl zurück und lächelte Jonne an. „Aber frag mich morgen mal wieder!"

„Gern", sagte Jonne. „Allerdings müssen wir ab morgen auch mal wieder richtig arbeiten. In einer Woche müssen wir das Referat abgeben."

Charly winkte ab. „Das schaffen wir schon. Kommt ihr eigentlich am Wochenende wieder auf den Hof, dein Vater und du? Dann könnten wir da was tun."

Das war eine großartige Idee, fand Jonne. Denn natürlich würden sie dort ja nicht von morgens bis abends über ihren Büchern sitzen, sondern sie konnten auch sonst Zeit miteinander verbringen. „Ich frage meinen Vater mal", sagte er. Aber was sollte der schon dagegen haben? Wenn Jonne ihm versprach, diesmal morgens ganz bestimmt in der Morgendämmerung aufzustehen, um zum Angeln hinauszurudern, machte er sicher mit.

16. Kapitel

Am Dienstagnachmittag nach dem Wochenende, das sie tatsächlich zusammen auf dem Bauernhof verbracht hatten, trafen sich Charly und Jonne mit Sören und Marcel bei Jonne zu Hause, um noch mal ihr Referat durchzusprechen.

Charly und Jonne hatten ein wunderschönes Wochenende hinter sich, die Sonne hatte aus allen Knopflöchern geschienen, und Tante Betty und Onkel Klaus hatten beschlossen, den unerwarteten Sommerbeginn mit einem großen Grillfest zu feiern. Sie hatten ein paar Nachbarn und Charlys Reitfreundin Annika mit deren Eltern dazu eingeladen. Es war eine lange Nacht geworden, denn Onkel Klaus und Jonnes Vater hatten nach dem Grillen immer wieder Holz herbeigeschleppt und ein großes Feuer in Gang gehalten, sodass niemand Lust hatte aufzubrechen.

Darum waren Jonne und Charly am Sonntag nicht so richtig fit gewesen, aber als sie sich schließlich auf der Obstwiese mit ihren Büchern und Schreibblöcken auf einer Decke niedergelassen hatten, versorgt mit einem von Tante Betty großzügig gefüllten Picknickkorb, waren sie doch noch gut mit ihrer Arbeit vorangekommen. Und nachdem sie am Montag noch letzte Feinarbeiten erledigt hatten, waren sie nun mit ihrem Teil des Referats fertig.

Auch Sören und Marcel hatten fleißig gearbeitet, und als sie sich gegenseitig gezeigt hatten, was jeder beizutragen hatte, lehnte Jonne sich zufrieden zurück. „Damit können wir uns auf jeden Fall blicken lassen“, meinte er.

„So viel haben die anderen bestimmt nicht“, sagte Sören.

„Und ich wette, niemand hat so gute Zeichnungen“, sagte Marcel und betrachtete das Plakat, auf das Jonne und Charly die Pyramidenquerschnitte und die Porträts der Pharaonen aufgeklebt hatten, die sie aus verschiedenen Büchern abgemalt hatten. „Hast du die gemacht, Charly?“

„Nicht alle“, antwortete sie, „aber diese und die und die.“ Sie deutete auf die Bilder, die von ihr stammten.

„Die sind echt stark“, sagte Marcel.

Jonne hatte das Gefühl, dass er eigentlich etwas anderes mit diesem Lob ausdrücken wollte, und beschloss, den Stier bei den Hörnern zu packen. „Sag doch einfach, dass du Charly gar nicht so doof findest!“ Er sah Marcel herausfordernd an.

Der wurde knallrot und wusste nicht, wohin er gucken sollte. „Ja … nee … finde ich ja auch nicht“, stammelte er.

Sören kam ihm zu Hilfe. Er sah erst Jonne an, dann Charly. „Wir haben uns alle blöd benommen“, sagte er. „Und, ehrlich, es tut uns leid.“

Jonne wartete ab, ob Charly darauf antworten wollte, doch als sie verlegen schwieg, sagte er: „Das finde ich echt stark von dir, dass du dich entschuldigst. Dabei warst du ja gar nicht so schlimm, so richtig hast du ja nie mitgemacht.“

„Nee, aber zugeguckt. Das ist auch nicht viel besser, hat Frau Assmann gesagt“, erwiderte Sören beschämt.

Jonne schlug ihm auf die Schulter. „Na, ist ja gut jetzt, schon fast verziehen!“ Er schaute Charly an. „Oder?“

Sie nickte. Doch mehr als ein „Hmhm“ brachte sie nicht über die Lippen.

Marcel suchte seine Sachen zusammen und stand auf. „Ich muss jetzt los“, sagte er hastig. Aber als er schon beinahe zur Tür hinaus war, drehte er sich noch mal um. „Mir tut’s auch leid, Charly, ehrlich.“ Und dann war er ganz schnell verschwunden.

„Na, siehst du, es wird doch“, sagte Jonne zu Charly, nachdem auch Sören sich verabschiedet hatte.

„Ja, aber du musst sie nicht zwingen, sich zu entschuldigen“, erwiderte Charly. „Das ist doch nur peinlich. Lass das in Zukunft lieber.“

„Quatsch, peinlich ist das höchstens für die, nicht für dich. Aber wenn du willst ...“ Jonne war etwas beleidigt.

„Nein, es ist auch für mich eine blöde Situation“, beharrte Charly. „Was soll ich denn dann sagen? Dass für mich jetzt alles wieder in Ordnung ist? So schnell geht das nicht, das habe ich dir neulich schon gesagt.“

Jonne biss sich auf die Lippe. Sie hatte ja recht. Trotzdem, wenn es nach ihm gegangen wäre, würden sie alle auf den Knien angerutscht kommen und zugeben, wie bescheuert sie sich benommen hatten. Aber wahrscheinlich würde das Charly wirklich nicht besonders helfen, sie musste irgendwie anders damit fertig werden. Vielleicht war es tatsächlich das Beste, einfach zu versuchen, ganz langsam wieder in die Normalität zurückzukehren. „Wollen wir morgen zusammen Eis essen gehen?“, fragte er also. „Ich finde, wir müssen unser Referat ein bisschen feiern.“

Charly schüttelte den Kopf. „Morgen kann ich nicht. Da gehe ich mit meiner Mutter einkaufen.“

„Wie? Den ganzen Nachmittag?“, fragte Jonne erstaunt.

„Ja!“ Charly nickte vergnügt. „Wir gehen erst shoppen und dann Pizza essen. Meine Mutter hat extra einen Babysitter organisiert!“

„Na ja, wenn euch das Spaß macht“, sagte Jonne. Er war zwar ein bisschen enttäuscht, aber andererseits freute er sich auch für Charly, dass ihre Mutter sich mal einen ganzen Nachmittag nur für sie Zeit nahm. Das hatte Charly wirklich verdient.

Am Donnerstagmorgen, als Charly in die Schule kam, fielen Jonne fast die Augen aus dem Kopf. Und nicht nur ihm. Auch die anderen starrten Charly ungläubig an. Sie sah völlig verändert aus und – Jonne schluckte ein bisschen – einfach toll! Ihre Haare waren zu einem kurzen Bob geschnitten und wirkten viel voller, der hässliche Pony war verschwunden. Nur ein paar freche Fransen fielen ihr in die Stirn, sodass man ihre großen dunkelblauen Augen sah. Und sie trug neue Jeans mit Glitzersteinchen auf den Taschen, dazu ein knallrotes T-Shirt.

Zwar sagte niemand etwas zu Charlys neuem Aussehen, aber Jonne bemerkte, dass alle während der ersten Stunde immer wieder zu ihr hinübersahen, und er meinte, durchaus so etwas wie Bewunderung in manchen Blicken zu entdecken. Nur Mari und Lara guckten ausgesprochen böse. Klar, ihnen passte es nicht, dass Charly kein verhuschtes Mäuschen mehr war!

Herr Grossert war krank und so fiel mal wieder die letzte Stunde aus. Da niemand damit gerechnet hatte, als Frau Bellmann es ihnen am Ende der fünften Stunde sagte, war der Jubel umso größer.

„Super!“, meinte Eric, „da hab ich ja wieder Zeit für die Eisdiele! Wer kommt mit?“ Obwohl er die Frage so laut gestellt hatte, dass sich alle in der Klasse angesprochen fühlen sollten, sah er Jonne und Charly an.

„Klar!“, sagte Jonne sofort.

Charly zögerte, und Jonne ahnte, was in ihrem Kopf vorging. Bestimmt hatte sie Angst, Ja zu sagen, weil sie befürchtete, dass dann niemand sonst mehr Lust hätte mitzukommen, wenn sie dabei war. Denn so wäre es vor zwei Wochen noch gewesen und natürlich hatte Charly sich noch nicht an die veränderte Situation gewöhnt.

Darum antwortete er für sie: „Natürlich kommt Charly auch mit.“

„Wir auch“, sagte Vanessa und Michelle nickte dazu.

„Ich bin auch dabei“, erklärte Marcel. „Ich wollte sowieso noch eine Kleinigkeit wegen des Referats mit euch besprechen.“

Auch Sören und Darian schlossen sich an.

Um diese Zeit waren die Tische vor der Eisdiele noch leer, die großen Schülerhorden fielen immer erst nach der sechsten Stunde ein. Sie rückten zwei Tische zusammen und hatten gerade bestellt, als auf der anderen Straßenseite Mari und Lara vorbeispazierten und so taten, als sähen sie ihre Mitschüler nicht.

„Das ist irgendwie komisch, dass die nicht mehr dabei sind“, sagte Michelle. „Früher waren sie immer der Mittelpunkt.“

Vanessa warf ihr einen vorwurfsvollen Blick zu, dann wandte sie sich an Charly. „Mir tut es nicht leid, dass sie nicht mehr dabei sind. Und, Charly“, sie klang plötzlich sehr unsicher, „ich möchte mich bei dir entschuldigen. Ich fand das zwar nie gut, was sie mit dir gemacht haben, aber ich habe eben auch nie etwas gesagt.“ Ihre Stimme wurde jetzt ganz leise. „Manchmal habe ich ja sogar mitgemacht“, fügte sie beschämt hinzu.

„Ich auch“, sagte Michelle. „Es tut uns wirklich leid alles, aber weißt du, es … es …“

Jonne wollte sie unterbrechen, weil er wusste, dass Charly keine Entschuldigungen hören wollte, doch zu seiner Überraschung kam sie ihm zuvor: „Ich weiß schon. Ich verstehe, warum ihr euch nicht getraut habt, was zu sagen.“ Sie sah dabei nicht nur Vanessa und Michelle, sondern auch Marcel, Sören und Darian an. „Ich habe mit Frau Assmann darüber gesprochen.“ Charly war gerade gestern Mittag vor dem Einkaufsbummel mit ihrer Mutter noch ein zweites Mal länger in der Schule geblieben, um mit Frau Assmann zu reden. Diese Gespräche taten ihr unendlich gut, und sie hatten verabredet, dass Charly noch öfter kommen sollte.

„Was hat sie dir erklärt?“, wollte Vanessa wissen.

„Ach, wie das alles so abläuft“, erwiderte Charly.

Mehr wollte sie nicht sagen, denn tatsächlich hatte Frau Assmann sehr ausführlich mit ihr über ihre Mitschülerinnen und Mitschüler gesprochen. Sie hatte ein Blatt Papier genommen und die Namen ihrer Klassenkameraden daraufgeschrieben, jeweils zu Gruppen zusammengefasst. Laras Name hatte dicht neben Maris gestanden, wenig entfernt von Vanessas, Michelles, Marcels und Lars’ Namen. Sören und Darian hatte sie ein bisschen, jedoch nicht viel, davon abgerückt, die Physiker hatten ganz weit weg in einer Ecke gestanden. Charlys eigenen Namen hatte sie in eine andere Ecke geschrieben, ganz allein für sich.

„So war die Situation in eurer Klasse“, hatte Frau Assmann erklärt. „Es gab Täter, es gab Mitläufer, es gab Zuschauer, und es gab eine Gruppe von Schülern, die gar nichts von allem mitbekamen. Oder vielleicht auch nur so taten, als würden sie nichts mitkriegen. Das hat sich immer mehr so herausgebildet, bis Jonne in eure Klasse kam.“ Sie hatte Jonnes Namen in die Nähe von Charlys geschrieben.

„Und Eric“, hatte Charly gesagt und mit dem Finger neben Jonnes Namen getippt, nicht ganz dicht daneben, doch vor allem weit weg von den anderen. „Der war auch wichtig, weil er gut für Jonne war.“

„Du meinst, er hat ihm den Rücken gestärkt?“, hatte Frau Assmann gefragt.

„Genau“, hatte Charly gesagt. Plötzlich schien alles so klar zu sein. Sie hatte Frau Assmann den Stift aus der Hand genommen und einen dicken Strich gezogen, der Mari und Lara von allen anderen abtrennte. „Und so ist es jetzt. Jetzt müssten allerdings auch Jonnes und mein Name enger nebeneinanderstehen.“ Sie hatte eine dicke Verbindungslinie zwischen Jonne und sich gemalt und eine etwas dünnere zu Eric.

Frau Assmann hatte genickt und Charly aufgefordert, noch mehr Linien zu zeichnen, gestrichelte nur, zu den Mitschülern, zu denen sie vielleicht in Zukunft Kontakt haben wollte.

Charly hatte gezögert und dann den Kopf geschüttelt. „Das weiß ich jetzt noch nicht.“ Sie hatte lange auf das Blatt gestarrt. Der dicke Strich, der Mari und Lara wie eine Mauer von allen anderen trennte, stach schwarz und hässlich heraus. Vielleicht aber schien nur für sie selbst diese Mauer so dick und hoch? Vielleicht war sie für die anderen gar nicht so endgültig und unüberwindlich? „Was meinen Sie?“, hatte sie Frau Assmann gefragt und den Finger auf den Strich gelegt. „Bleibt der jetzt für immer da?“

„Das ist etwas, was ich noch nicht weiß“, hatte Frau Assmann geantwortet. „Ich hoffe, dass er irgendwann zumindest etwas dünner wird. Daran werden wir arbeiten, doch so etwas braucht viel Zeit. Und du musst dich zu nichts zwingen, Charly. Niemand verlangt, dass du dich wieder mit Mari anfreundest.“

„Das könnte ich, glaube ich, auch nicht“, hatte Charly gesagt. „Wenn man einmal so enttäuscht worden ist von jemandem, dann ...“ Der Rest des Satzes war irgendwo in ihrem Kopf hängen geblieben. Es gab noch so viel, worüber sie weiter nachdenken musste.

„Darf ich das Blatt mitnehmen?“, hatte sie schließlich gefragt.

„Wir heben es hier auf“, hatte Frau Assmann erwidert. „Wenn dir etwas dazu einfällt, kommst du wieder, okay?“

Jetzt sah Charly das vollgekritzelte Papier genau vor sich. Sie wollte den anderen nichts davon erzählen, nur Jonne wusste natürlich Bescheid. Sie hatte ihm gestern Abend am Telefon noch davon erzählt.

Doch wenn sie nun davon spräche, würde das so wirken, als wollte sie die anderen belehren. Allerdings zog sie jetzt im Geiste eine dünne, gestrichelte Linie von ihrem Namen zu Vanessas und Michelles, nur mal so, probehalber.

„Frau Assmann redet sowieso noch mit uns allen darüber“, sagte sie dann, weil sie merkte, dass alle sie anschauten und offensichtlich erwarteten, dass sie noch weitere Erklärungen abgab. „Wenn wir dieses Theaterprojekt machen.“

„Darauf freue ich mich!“, sagte Vanessa. „Meint ihr, man kann da auch Musik machen?“

„Wir können es ja mal vorschlagen“, meinte Jonne. „Das wäre toll, dann würde ich meine Gitarre mitbringen.“

Vuvuzela *südafrikanisches Blasinstrument (bei der Fußballweltmeisterschaft 2010 bekannt geworden)*

Eric grinste. „Und ich meine Vuvuzela!“

Charly hielt sich in gespieltem Entsetzen die Ohren zu. „Bloß nicht!“

Die anderen lachten. Und dann unterhielten sie sich über die Schule und die Referate, die sie noch halten mussten, bevor das Theaterprojekt startete.

Nur Jonne sagte kaum etwas. Er sah die neue, veränderte Charly an und hörte zu, wie sie mit den anderen redete und lachte, und war ziemlich glücklich. Glücklicher als einsame Wölfe je sein können.

Materialien

Was ist Mobbing?

Mobbing bezeichnet das Schikanieren anderer Menschen, um sie auszugrenzen. Der Begriff „Mobbing“ leitet sich aus dem Englischen ab und bedeutet angreifen, anpöbeln, schikanieren, über jemanden herfallen. Im Duden wird „Mobben“ wie folgt definiert: „Mobben ist das ständige Schikanieren von Arbeitskolleginnen und -kollegen, mit der Absicht, sie vom Arbeitsplatz zu vertreiben.“ Diese Handlung lässt sich aber auch auf alle anderen sozialen Gemeinschaften, wie beispielsweise auf die Schule, übertragen. Dabei herrscht ein kräftemäßiges Ungleichgewicht zwischen dem „Mobber“ als Täter und dem „Gemobbten“ als Opfer.

Im schulischen Zusammenhang wird auch von „Bullying“ und entsprechend vom „Bully“ (Täter) und „Victim“ (Opfer) gesprochen.

Mobbing kann direkt durch einen tätlichen Angriff erfolgen, wie beispielsweise durch Schlagen, Stoßen, Bespucken, Einsperren oder Bedrohen. Es kann aber auch indirekt durch Ausgrenzung und Manipulation ausgeübt werden, zum Beispiel durch das Verbreiten von Gerüchten oder durch ein bewusstes Ignorieren.

Eine besondere Form des Mobbing ist das sogenannte Cybermobbing. Damit wird das Schikanieren anderer Menschen mithilfe elektronischer Kommunikationsmittel wie dem Internet, in Chatrooms oder auch mit dem Mobiltelefon bezeichnet. Cybermobbing erfolgt oft über einen längeren Zeitraum. Während im normalen Schulalltag die Täterin oder der Täter meist bekannt sind, bleiben die Täter in der virtuellen Welt oftmals anonym und können ihr Opfer rund um die Uhr im Internet oder über das Handy verfolgen.

Zu unterscheiden ist hier das öffentliche Mobbing, bei dem der Mobber sich mit Informationen über das Opfer an die Öffentlichkeit wendet und beispielsweise Gerüchte in einem Netzwerk verbreitet, und das geschlossene Mobbing ohne Beteiligung der Öffentlichkeit, beispielsweise per E-Mail.

ARBEITSANREGUNGEN

- Erkläre anhand von Beispielen aus dem Text, was Mobbing ist.
- Was bezeichnet man als Bullying? Informiere dich auch in einem Wörterbuch oder im Internet.
- Auf welche zwei Weisen kann Mobbing erfolgen?
- In welcher Form kommt Mobbing in dem Buch „Jonne mischt sich ein" vor? Lies dazu noch einmal die Seiten 17 bis 20.
- Was sind die besonderen Merkmale des Cybermobbings?
- Erkläre, was man unter öffentlichem und geschlossenem Mobbing versteht.
- Hast du selbst in oder außerhalb der Schule schon Erfahrungen mit Mobbing oder Cybermobbing gemacht? Wenn ja, dann berichte über einen solchen Vorfall.
- Beschreibe das Foto auf Seite 164. Was siehst du?
- Wie fühlt sich das Mädchen im Vordergrund wohl und woran kann man das erkennen? Warum fühlt es sich wohl so?
- Erstelle eine Mindmap, in der du die Gefühle von Mobbingopfern sammelst.
- Erkläre, ob (und wenn ja, warum) dieses Foto deiner Meinung nach zu dem Buchgeschehen passt. Wer könnten die Personen auf dem Bild sein?

Mädchen und Jungen als Täter und Opfer

Eine Untersuchung, die Dr. Mechthild Schäfer von der Universität München zum Thema „Mobbing" durchgeführt hat, hatte die folgenden Ergebnisse.

- Jungen werden ganz überwiegend von Jungen schikaniert.
- Mädchen werden sowohl von Jungen wie von Mädchen angegriffen.
- Mädchen quälen das Opfer eher mit Worten und Gerüchten oder indem sie es ignorieren, Jungen mit Beschimpfungen und körperlicher Gewalt.

- Opfer von Stänkereien, Gerüchten und Beleidigungen werden in einer Klasse stärker ausgegrenzt als Opfer von körperlicher Gewalt.

- Ausgegrenzte Jungen haben es sehr viel schwerer, wieder in die Gruppe aufgenommen zu werden, als Mädchen.
- Viele Jungen suchen die Nähe und Freundschaft von Tätern.
- Mädchen meiden die Täterinnen.

ARBEITSANREGUNGEN

- Schau dir die Ergebnisse der Untersuchung an. Schreibe auf, was dir besonders aufgefallen ist: Welche Ergebnisse hättest du selbst vermutet? Was hat dich überrascht?
- Sind dir Mobbing-Vorfälle bekannt, die mit einzelnen Ergebnissen der Untersuchung übereinstimmen oder im Widerspruch zu ihnen stehen?
- Wähle ein Ergebnis der Studie aus und nimm dazu Stellung: Stimmst du der gewählten Aussage zu? Kannst du die Aussage begründen?
- Tauscht euch darüber auch in der Klasse aus. Welche Ergebnisse haben die anderen gewählt und wie begründen sie ihre Wahl? Stimmen die anderen deiner Argumentation zu?
- Welche Aussagen der Untersuchung stimmen mit den Ereignissen im Buch überein? Schreibe Beispiele aus dem Buch auf und begründe, zu welchen Aussagen sie passen oder nicht passen.

Ist Mobbing eine Straftat?

Mobbing ist noch kein Straftatbestand, denn Mobbing und auch Cybermobbing sind gesetzlich noch nicht direkt als Straftatbestand gefasst. Einzelne Mobbing-Aktionen wie Beleidigung, Nötigung, Drohung, Erpressung oder Körperverletzung stellen aber strafbare Handlungen dar. Die Voraussetzung für eine solche strafbare Handlung ist das Vorliegen einer Rechtsverletzung.

Im Folgenden sind eine Reihe von Straftaten aufgeführt, die man bei der Polizei anzeigen kann.

1) Eine Person kann durch **Beleidigung**, **Verleumdung** und **üble Nachrede** geschädigt werden.

2) Die Freiheit einer Person kann durch **Nötigung** oder **Bedrohung** beschnitten werden.

3) Das Vermögen eines Menschen kann durch Erpressung geschädigt werden.

4) Die Persönlichkeitsrechte einer Person können durch **Handlungen gegen den Lebens- und Geheimbereich** der Person verletzt werden, zum Beispiel durch **Bildaufnahmen**.

Arbeitsanregungen

- Wähle eine der oben erwähnten Straftaten, die bei Mobbing-Situationen oft begangen werden, aus. Informiere dich im Internet genauer über diese Straftat. Was kennzeichnet sie? Welche Konsequenzen hat sie für die Täter und für die Opfer?
- Wähle eine Stelle im Buch aus, in der die Schülerinnen und Schüler der Klasse 6b Charly mobben. Welche Straftaten begehen sie? Mache dir Notizen und tausche dich auch mit einer Partnerin oder einem Partner aus.
- Wie könntest du dich verhalten, wenn du Zeuge einer Mobbing-Straftat wirst? Notiere mehrere Möglichkeiten und schreibe auch auf, was jeweils *für* und *gegen* die Verhaltensweisen sprechen könnte.
- Was kannst du tun, damit es gar nicht zum Mobbing kommt?

MAGDALENA KÖSTER

„Lass die in Ruhe, die ist korrekt“

Die ganze Geschichte fing schon in der 5. Klasse an. Verena wurde von jedem gehänselt. Sie ist anders als die meisten bei uns an der Gesamtschule, eher zurückhaltend. Und darauf reagieren halt viele mit: „Ah, die lässt sich alles gefallen, die kann man fertig machen.“ Verena sieht aus wie ‚n Landei, dabei ist sie wirklich gar nicht mal hässlich. Sie ist ein bisschen stabil gebaut und hat ‚ne ziemliche Oberweite. Da kamen immer so Kommentare: „Hey, guck mal, wie die aussieht.“ Keiner hat mit ihr gesprochen und hintenrum haben alle abgelästert. Eine, die mal mehr mit ihr zu tun hatte, hing dann bald auch nur noch mit anderen rum, die einfach modisch angezogen sind.

In unserer Klasse hatten wir wegen Verena oft Gespräche, mindestens ein- oder zweimal im Jahr. Aber die Lehrer haben's nicht gebacken gekriegt. Es ging immer nur kurze Zeit gut und dann war sie wieder draußen. Einmal war kein Lehrer da und wir durften während der Stunde Hausaufgaben machen. Ich hab irgendwie mitgekriegt, dass wieder was los war mit Verena. Auf jeden Fall war sie plötzlich verschwunden. „Wo ist Verena denn?“, hab ich gefragt. „Die ist rausgerannt“, hat es geheißen. Und ich: „Na, bravo.“ Ich bin gleich raus und hab sie gesucht. Ich bin nämlich Klassensprecherin. Unter einem Treppenabsatz hab ich sie gefunden. „Verena, du kannst doch nicht einfach blaumachen. Egal, wie sie dich geärgert haben.“

Da hat sie mir die ganze Story erzählt, dass sie sie immer wieder bis zum Umfallen gehänselt und sich dann wieder eingeschleimt haben. In dem Moment war ich auf 180. Ich habe richtig gezittert, weil ich so sauer war. Ich fand das total ungerecht und bin zurück in die Klasse und hab gesagt: „Die ganze Klasse hat gefälligst nach dem Unterricht zu erscheinen, sonst gibt‘s Ärger." Die haben als Erstes gemeint: „Hat die 'nen Schuss?" Aber am Ende sind sie alle gekommen. Ich hab gesagt: „Wir sind eine Klasse und ohne Klassengemeinschaft klappt das nicht."

Dann habe ich erst mal die Kathrin zur Sau gemacht, warum sie Verena nicht geholfen hat. Sie hat doch alles mitgekriegt. Und sie antwortete, sie hätte nicht gewusst, was sie machen sollte, und bla bla. Aus der ganzen Klasse wollte es keiner gewesen sein. Aber ich hab gesagt: „Ihr seid alle mitverantwortlich dafür. Wenn ihr auch nur einen Hauch davon mitkriegt, warum helft ihr ihr nicht?"

Verena hat dann erzählt, warum sie so ist. Ihre Eltern haben sich scheiden lassen und der Vater hatte Probleme damit und hat die Familie regelrecht tyrannisiert. Verena hat deswegen keinen an sich rangelassen. In der Klasse haben sie gedacht, dass sie ‚ne hochnäsige Zicke ist, die sich überhaupt nicht in die Klasse einleben will. Scheidung aber kennen viele von zu Hause, und wenn nicht, können sie es sich vorstellen.

Die Klassengemeinschaft ist jetzt viel fester. Und Verena wird bei vielen Sachen richtig mit einbezogen. Viele haben Respekt vor dem, was ich gemacht

hab. Andere hätten sich das nicht getraut. Ich bin vom Kopf her eben ziemlich reif und kann auch irgendwie weiterdenken. Weil ich mich so gut verhalten habe, habe ich einen Hubschrauberflug bei der Polizei gewonnen, mit allem Drum und Dran. Ich bin aber ziemlich am Teppich geblieben. Ich hab das einfach als meine Pflicht gesehen.

Viele Schüler konzentrieren sich nur auf sich selbst. Was die anderen machen, ist ihnen ziemlich egal. Aber ich finde: Jeder Mensch ist verdammt interessant, also will ich auch von jedem Menschen ziemlich viel erfahren.

In der Familie aber bin ich eher die Streitmacherin. Mit meinem kleinen Bruder hab ich häufig Zoff. Aber das ist mir egal, das poltert so an mir vorbei.

Diese Hitzköpfigkeit hab ich wohl eher von meinem Papa, der ist bei der Bundeswehr. Das Diplomatische kommt mehr von meiner Mama. Die sieht immer auch die andere Seite, sie ist Erzieherin. Die war ganz stolz darauf, wie ich mich verhalten habe.

Wenn ich die Leute aber nicht kenne und auch nicht einschätzen kann, trau ich mich nichts. Wenn du da nur ein falsches Wort sagst oder wenn die dich falsch verstanden haben, bist du die Doofe und hast dann direkt 20 Morddrohungen am Hals. Und kannst dich nicht mehr in die Stadt trauen, weil du Angst hast, dass du verprügelt wirst. Das ist echt ziemlich heftig, Wenn einer zum Beispiel direkt vor mir ein abgesperrtes Fahrrad wegtragen würde, würde ich nichts machen. In der Situation hätte ich viel zu viel Angst, dass der mir was tut. Bei Leuten, die ich kenne und einschätzen kann, bei denen sag ich was, aber bei Fremden, die vielleicht auch größer und kräftiger sind als ich - das ist mir echt zu gefährlich. Auch wenn an der Bushaltestelle jemand blöd angemacht wird, wäre ich eher vorsichtig: Ich habe Angst, dass das alles auf mich zurückprallt und ich dann die Schuldige bin.

Gut ist es, wenn du um dich rum ziemlich viele Leute hast, die dich gut kennen. Die würden dann sagen: „Lass die in Ruhe, die ist korrekt."

ARBEITSANREGUNGEN

- In diesem Text wird Verena das Opfer von Mobbing in der Schule. Was passiert mit ihr? Und warum wird sie so behandelt?
- Fertige eine Personenbeschreibung zu dem Mädchen Verena an.
- Glaubst du, dass Verena nicht geärgert worden wäre, wenn ihre Mitschülerinnen und Mitschüler von ihrer Situation gewusst hätten? Begründe deine Meinung.
- Christin sagt: „Jeder Mensch ist verdammt interessant, also will ich auch von jedem Menschen ziemlich viel erfahren.“ Was denkst du über diese Aussage?
- Zuhause verhält Christin sich anders als in ihrer Klasse. Wie erklärt sie selbst diesen Unterschied in ihrem Verhalten?
- Christin sagt, dass sie sich nicht einmischen würde, wenn sie außerhalb der Schule Zeugin eines Mobbing-Vorfalls würde. Wie begründet sie dies? Was meinst du zu ihrer Begründung? Wie würdest du dich in solchen Situationen verhalten?

Textquellen

Seite 164–165: Was ist Mobbing? Aus: http://www.lehrer-online.de/fall-des-monats-01-10.php (Text gekürzt)

Seite 167: Mädchen und Jungen als Täter und Opfer. Aus: Magdalena Köster: GegenPower. Zivilcourage, Mut & Engagement. München: Deutscher Taschenbuch Verlag 2001. S. 72.

Seite 169: Ist Mobbing eine Straftat? Aus: http://www.lehrer-online.de/fall-des-monats-01-10.php (Text gekürzt)

Seite 171–174: Magdalena Köster: „Lass die in Ruhe, die ist korrekt". Aus: Magdalena Köster: GegenPower. Zivilcourage, Mut & Engagement. München: Deutscher Taschenbuch Verlag 2001. S. 69–73.

Bildquellen

Seite 164: © johnmootz/iStockphoto

Seite 169: © Mark Goddard/iStockphoto